Schmuck · Presserecht kurz und bündig

D1729853

Michael Schmuck

Presserecht
kurz und bündig

ein Leitfaden mit praktischen Tipps
für Journalisten

Luchterhand

Die Deutsche Bibliothek – CIP-Einheitsaufnahme

Schmuck, Michael:
Presserecht kurz und bündig : ein Leitfaden mit praktischen Tipps
für Journalisten / Michael Schmuck. – 2. Aufl. – Neuwied ; Kriftel :
Luchterhand, 2000

   ISBN 3-472-04348-2

Satz: PL Software, Frankfurt am Main
Druck und Binden: Wilhelm & Adam, Heusenstamm
Printed in Germany, September 2000

Gedruckt auf säurefreiem, alterungsbeständigem und chlorfreiem
Papier

Gewidmet der Meinungsfreiheit,

un des droits les plus prècieux de l'homme, einem der vornehmsten Menschenrechte überhaupt

(nach Art. 11 der Erklärung der Menschen- und Bürgerrechte von 1789)

Vorwort

Kurz und bündig, bildhaft und kurzweilig – so wie Journalisten ihre Berichte formulieren sollen, so will dieses Buch dem Journalisten bei der täglichen Arbeit helfen. Es soll ihm Tipps geben, wie er schon beim Recherchieren juristischen Ärger vermeiden kann – und schnelle Erste Hilfe bieten, wenn eine Gegendarstellung oder Unterlassungsverpflichtung ins Haus flattert.

Ein Journalist sollte grob einschätzen können, was von einer Beschwerde gegen seinen Bericht aus juristischer Sicht zu halten ist – auch wenn er die Sache dann an den Hausjuristen weiterreicht.

Dieses Buch ist für Journalisten geschrieben, nicht für Juristen. Daher ist es nach journalistischen Bedürfnissen und nicht rechtssystematisch gegliedert. Tief gehende juristische Ausführungen, detaillierte Abgrenzungen und komplizierte Grenzfälle habe ich weggelassen. Juristen mögen das verzeihen. Für sie ist dieses Buch aber trotzdem als Einführung ins Presserecht nützlich.

In erster Linie möchte ich Journalisten einen Leitfaden für »klagefestes« Arbeiten vermitteln, das vor berechtigten Beschwerden der Betroffenen schützt. Mehr als ein Leitfaden kann es nicht sein, denn Presserecht ist eine große Grauzone; Gerichte entscheiden sehr unterschiedlich, die Fälle sind meist verworren. Allerdings: Wer journalistisch sauber arbeitet, bewegt sich fast immer auch juristisch auf sicherem Terrain.

Dass die erste Auflage dieses Buches nach knapp drei Jahren ausverkauft war, zeigt: Viele Journalisten wollen wissen, wie weit sie bei ihrer Aufgabe gehen dürfen, den Mächtigen auf die Finger zu schauen.

Michael Schmuck   im Oktober 2000

Inhalt

1 Was darf berichtet werden?

Nicht über alles und jedes darf berichtet werden. Es muss stets eine Abwägung stattfinden zwischen dem berechtigten Informationsbedürfnis der Öffentlichkeit einerseits und dem Persönlichkeitsrecht des Betroffenen andererseits.

Welche Kriterien bei dieser Abwägung zu beachten sind, zeigt dieses Kapitel.

Sowohl Wort- als auch Bildberichterstattung oder aber deren Kombination können das Persönlichkeitsrecht des Betroffenen verletzen: Was für die Presse tabu ist, darf weder mit Worten beschrieben noch abgebildet werden. Somit gilt alles, was für den Textbericht gesagt wird, vom Prinzip her auch für Bilder. Auf den Abdruck von Fotos bzw. das Senden von Bildern gehe ich aber wegen der speziellen Form, der größeren Ausdruckskraft und wegen der Rechte am eigenen Bild, gesondert ein (s.u. 1.9).

1.1 Tatsachen

Normale Menschen verstehen unter dem Begriff Tatsache, dass es sich dabei um die Wahrheit handelt. Für Juristen gibt es aber neben den wahren Tatsachen auch unwahre Tatsachen. Juristen gebrauchen diesen Begriff nämlich vor allem in Abgrenzung zur Meinung (s.u. 1.2). Eine Tatsache ist juristisch also all das, was nicht Meinung oder Ansicht ist. Eine wahre Tatsache ist z.B., »Das Brandenburger Tor steht in Berlin« eine unwahre »Boris Becker ist Bundespräsident«.

Ob eine Äußerung Tatsache oder Meinung ist, darüber herrscht oft erbitterter Streit bis zum Bundesverfassungsgericht; denn gegen Tatsachen sind Gegendarstellung und Richtigstellung möglich (s.u. 4.2), gegen eine Meinung nicht. Die Abgrenzung Tatsache – Meinung ist oft sehr schwierig und kann meist nur durch eine Gesamtschau des Berichts geschehen.

1.1.1 *Wahrheit*

Was wahr ist, darf fast immer berichtet werden.

Es gibt einige Ausnahmen, die »verbotenen Wahrheiten«. Nicht berichtet werden darf grundsätzlich

- ❑ über die Intimsphäre
- ❑ über die Privatsphäre
- ❑ über Vorstrafen.

Intimsphäre

Intimsphäre ist vereinfacht gesagt, all das, was sich – auch im übertragenen Sinne – im Schlafzimmer und Bad abspielt. Aber auch was im oder unmittelbar am Körper vor sich geht, gehört zur Intimsphäre. Dazu zählen der nackte Körper, die Sexualität und besonders schlimme Krankheiten, z.B. Aids und Krebs.

Über die *Intimsphäre* darf niemals berichtet werden, auch nicht bei Prominenten, es sei denn, der Betroffene ist damit einverstanden, erzählt selbst davon oder präsentiert es der

Öffentlichkeit, oder das zu Berichtende spielt sich in aller Öffentlichkeit ab.

Privatsphäre

*Privatsphär*e ist all das, was sich – auch im übertragenen Sinne – im Rest des Hauses und im Garten abspielt, z.B. Familienangelegenheiten, Gesundheitszustand, religiöses Bekenntnis, Einkommen. Die Privatsphäre kann aber auch außerhalb des Hauses gegeben sein: Wer sich zwar in der Öffentlichkeit, etwa einem öffentlichen Café oder an einem öffentlichen Strand, aufhält, aber sich ganz bewußt und für jeden erkennbar in eine abgeschiedene Ecke zurückzieht, genießt dort ebenfalls Privatsphäre – auch Prominente, oder juristische Personen der Zeitgeschichte! Was dort geschieht, darf weder beschrieben noch fotografiert werden. Es gibt aber noch mehr Situationen, die in der Regel zum Privatleben gehören, aber zwangsläufig in der Öffentlichkeit geschehen müssen: Radtour mit der Familie, Brötchenholen beim Bäcker, Unterwäsche einkaufen, der Weg zum Arzt und Ähnliches. Diese Situation ist die Grauzone zwischen privater und öffentlicher Sphäre.

Auch über die Privatsphäre darf grundsätzlich nicht berichtet werden, es sei denn, der Betroffene willigt ein. Aber hier gibt es bei Prominenten (»Personen der Zeitgeschichte«) einige Ausnahmen: wenn das zu berichtende Ereignis für die Öffentlichkeit gerade das Interessante ist.

Für die Öffentlichkeit interessant ist aber ein Ereignis nicht schon dann, wenn der berichtende Journalist oder die Redaktion es interessant findet. Hier muss ein so genannter objektiver Maßstab angelegt werden. Man muss sich fragen, ob das Interesse der Öffentlichkeit etwa nicht nur aus Sensationsgier besteht, sondern ob die Meldung einen darüber hinausgehenden Nutzen oder Informationswert besitzt, weil das private Ereignis einen Bezug zur öffentlichen Rolle der Person hat und für die öffentliche Diskussion – insbesondere für die politische Meinungsbildung oder Auseinandersetzung – bedeutsam ist.

Auch in unterhaltenden Beiträgen findet Meinungsbildung statt, auch sie regen die Diskussionen über Werte und Lebenseinstellungen an. Vor allem Prominente symbolisieren Wertvorstellungen und Lebenshaltungen. Zur Zeitgeschichte gehören alle Erscheinungen, die von der Öffentlichkeit beachtet werden, bei ihr Aufmerksamkeit finden und Gegenstand der Wissbegier sind. Ein wenig können die Medien die Wissbegier natürlich durch die Berichterstattung selbst steuern – trotz objektiven Maßstabs.

Man muss abwägen zwischen dem Interesse der Öffentlichkeit und dem Interesse des Betroffenen an seiner Privatsphäre. Wenn Lieschen Müller ihrer Tochter im Garten eine Ohrfeige gibt, ist dies allein noch kein für die Öffentlichkeit interessantes Ereignis; und Lieschen Müller hat ein Recht darauf, dass niemand außerhalb ihrer vier Wände von der Ohrfeige erfährt. Wenn aber Vater Graf seine Steffi schlüge, dann kann diese Meldung unter Umständen für die Öffentlichkeit interessant sein. Die Ohrfeige von Vater Graf wäre außerdem auch wegen der öffentlichen Diskussion gerade um die Beziehung zwischen Vater Graf und Tochter von öffentlichem Interesse.

Nicht von öffentlichem Interesse ist aber, wenn ein Landtagsabgeordneter auf einer privaten Feier seine Mutter schlägt. Das hat das Landgericht Oldenburg entschieden (Az 5 O 2580/86). Das private Verhalten stand in keinem Zusammenhang mit seiner öffentlichen Rolle.

Wenn eine Familienministerin sich scheiden lässt, die sich stets für die Familie und gegen Trennung ausgesprochen hat, darf das natürlich gern berichtet werden; denn das private Verhalten steht im Gegensatz zu ihrem öffentlichen Auftreten.

Angenommen, ein Regierungschef hat eine Affäre mit seiner Sekretärin, so ist das seine Privatsache, und darüber dürfte nur dann berichtet werden, wenn diese Affäre oder Beziehung sich auf seine Tätigkeit als Regierungschef negativ auswirken würde.

Wer etwa wie Harald Juhnke sein Privatleben zum Teil in der Öffentlichkeit lebt, kann sich insoweit auf den Schutz seiner Privatsphäre nicht berufen.

Wer sich bewußt in der Öffentlichkeit oder gar der Presse präsentiert, willigt juristisch gesehen entweder in die Berichterstattung über ihn ein oder trägt ein erhebliches Mitverschulden daran – auch Lieschen Müller.

Auch wer sein Privatleben kommerzialisiert, also z.B. Homestories verkauft, hat insoweit keinen Schutz vor unbezahlten Berichten. Das hat das Bundesverfassungsgericht im Dezember 1999 entschieden (Az. 1 BvR 653/96).

Ziffer 8 Pressekodex:

Die Presse achtet das Privatleben und die Intimsphäre des Menschen. Berührt jedoch das private Verhalten öffentliche Interessen, so kann es im Einzelfall in der Presse erörtert werden. Dabei ist zu prüfen, ob durch eine Veröffentlichung Persönlichkeitsrechte Unbeteiligter verletzt werden.

Absolute Personen der Zeitgeschichte

Absolute Personen der Zeitgeschichte sind alle, die aufgrund ihrer Rolle oder Funktion in der Gesellschaft *dauerhaft* ins öffentliche Blickfeld gerückt sind, z.B. eben Steffi Graf und Prinzessin Caroline, aber natürlich alle bedeutenden Spitzensportler, Politiker, Staatsmänner, Künstler usw.

Bedeutend sind Sportler in der Regel nur, wenn sie mindestens Bundesliganiveau sind. So darf z.B. über das Gehalt eines Bundesligaspielers berichtet werden, nicht aber über das eines Oberligaspielers.

Aber nur die bedeutenden Personen selbst zählen zu diesem Kreis. Die Angehörigen oder Begleiter von absoluten Personen der Zeitgeschichte sind nicht allein deshalb, weil sie Angehörige sind, auch selbst Personen der Zeitgeschichte. Harald Schmidt ist eine Person der Zeitgeschichte, nicht aber automatisch seine Lebensgefährtin. Und wenn sie sich nicht selbst in der Öffentlichkeit über ihr Privatleben äußert, wenn sie so genannte Homestorys ablehnt, darf die Presse auch nichts über ihr Privatleben berichten oder sie allein, ohne Harald Schmidt, fotografieren. Nur wenn sie selbst bei einem öffentlichen Anlass in der Öffentlichkeit zugegen ist, darf in diesem Zusammenhang über sie berichtet werden.

Anlass für die Entscheidung betreffend Harald Schmidts Lebensgefährtin gab ein im NEUEN BLATT abgedrucktes Foto von einem gemeinsamen Einkaufsbummel im Kölner Agnes-Viertel (Bildunterschrift: »Harald Schmidt und seine Brigitte kommen vom Einkaufen im belgischen La Gleize nach Hause«).

Der Bundesgerichtshof hat entschieden, dass die Kinder von Prinzessin Caroline (noch) keine absoluten Personen der Zeitgeschichte sind und daher Privates und Bilder von ihnen nicht in der Presse verbreitet werden dürfen. Erlaubt sind nur Fotos mit Mutter oder Großvater, auf denen sie als unbedeutendes Beiwerk dieser absoluten Person der Zeitgeschichte erscheinen oder wenn sie sich bei einem öffentlichen Anlaß bewußt in der Öffentlichkeit zeigen, z. B. bei einem Staatsempfang (siehe dazu auch Kapitel 1.9.1).

Das Bundesverfassungsgericht hat den Schutz der Kinder von Prominenten noch erweitert: Verboten sind Berichte und Fotos, die »die spezifisch elterliche Hinwendung zu den Kindern zum Gegenstand haben«, also z.B. Bilder, die zeigen, wie die prominenten Eltern mit ihren Kindern umgehen (Az. 1 BvR 653/96), das gehört grundsätzlich auch zur Privatsphäre, auch wenn es im öffentlichen Raum stattfindet.

Neben der Möglichkeit, dass eine zeitgeschichtliche Bedeutung einer Person noch nicht gegeben ist, kann diese Bedeutung auch verblassen: Der Prinz von Preußen ist heute keine absolute Person der Zeitgeschichte mehr, selbst wenn er anderer Meinung ist. Das Oberlandesgericht Hamburg hat 1970 entschieden:

> *Selbst wenn Prinz Louis Ferdinand von Preußen einmal geäußert hat, er sei zur Stelle, wenn das deutsche Volk ihn rufe, so wird er dadurch nicht zu einer Person der Zeitgeschichte, da es auf seine subjektive Einstellung nicht ankommt.*
>
> *Nachdem Deutschland seit 80 Jahren mit Unterbrechung eine Republik ist, hat das Haus Hohenzollern nur geschichtliche Bedeutung bis zur Abdankung des Kaisers Wilhelm II. gehabt. Die Nachkommen haben keine zeitgeschichtliche Bedeutung für die Allgemeinheit, auch wenn die Leser der Unterhaltungsblätter sich für ihre Familiengeschichte noch interessieren.*

In dem betreffenden Fall ging es um einen Bericht über die Scheidungsabsichten eines Familienmitgliedes der Hohenzollern. Der Bericht war unzulässig, da er die Privatsphäre verletzte.

Hingegen durfte 1997 über die Scheidungsgründe des Prinzen Ernst August von Hannover berichtet werden: Dass (nicht *wie*) er Ehebruch begangen habe, gehöre zu dem Teil der Privatsphäre, der für die Öffentlichkeit interessant sei, hat der Bundesgerichtshof 1999 entschieden. Außerdem habe die Presse in England, wo der Prinz geschieden worden war, ausführlich darüber berichtet und die Scheidungsakten seien dort öffentlich zugänglich (BGH, Az. VI ZR 264/98).

Relative Personen der Zeitgeschichte

Relative Personen der Zeitgeschichte sind solche, die nur zeitweise, wegen eines spektakulären Ereignisses oder ihrer vorübergehenden öffentlichen Funktion ins Blickfeld der Öffentlichkeit gerückt sind, aber nicht dauerhaft in der Öffentlichkeit stehen wie die absoluten Personen der Zeitgeschichte.

Typisches Beispiel hierfür sind Straftäter, die wegen eines außergewöhnlichen, spektakulären Deliktes mit Haftbefehl gesucht werden, verhaftet wurden oder vor Gericht stehen, also etwa die Berliner Commerzbank-Tunnelgangster, die so genannten Mauerschützen, Amokläufer und in aller Regel auch Geiselnehmer (s. Kapitel 1.5). Andere Beispiele sind: Weinkönigin, Gewinner von Schönheitswettbewerben, Lebensretter, bis dahin unbekannte Medaillengewinner usw.

Angehörige und Begleiter von relativen Personen der Zeitgeschichte sind natürlich keine Personen der Zeitgeschichte – noch viel weniger als bei absoluten. Daher dürfte der STERN z.B. nicht detailliert über die Adoptivmutter des mutmaßlichen Mörders Dieter Zurwehme berichten.

Über relative Personen der Zeitgeschichte darf grundsätzlich nur während der Zeit berichtet werden, in der sie durch das besondere Ereignis ins Licht der Öffentlichkeit gerückt sind. Danach genießen sie wieder die Anonymität der Normalbürger.

Das spielt vor allem bei Berichten oder Dokumentarfilmen über frühere spektakuläre Straftaten eine Rolle. Tat und Gerichtsverhandlung sind vorbei, der Täter ist verurteilt, hat seine Strafe sogar verbüßt und führt wieder »ein normales Leben«. In einem solchen Bericht oder Film darf der damalige Täter nicht erkennbar werden; der Name darf nicht genannt, Fotos nicht gezeigt werden.

Das Bundesverfassungsgericht hat in seiner sogenannten Lebach-Entscheidung (Az.: 1 BvR 536/72) festgehalten, dass das ZDF in einem Dokumentarfilm über einen spektakulären Überfall auf ein Waffendepot der Bundeswehr im Jahre 1969 (in Lebach) nicht die richtigen Namen der Täter nennen darf. Sonst würde ihnen diese Sache ewig nachhängen.

Das Gericht führte aus:

Für die aktuelle Berichterstattung über schwere Straftaten verdient das Informationsinteresse der Öffentlichkeit im allgemeinen Vorrang vor dem Persönlichkeitsschutz des Straftäters. Jedoch ist neben der Rücksicht auf den unantastbaren innersten Lebensbereich der Grundsatz der Verhältnismäßigkeit zu beachten; danach ist eine Namensnennung, Abbildung oder sonstige Identifikation des Täters nicht immer zulässig.

Der verfassungsrechtliche Schutz der Persönlichkeit lässt es jedoch nicht zu, dass das Fernsehen sich über die aktuelle Berichterstattung hinaus etwa in der Form eines Dokumentarspiels zeitlich unbeschränkt mit der Person eines Straftäters und seiner Privatsphäre befasst.

Eine spätere Berichterstattung ist jedenfalls unzulässig, wenn sie geeignet ist, gegenüber der aktuellen Information

> *eine erhebliche neue oder zusätzliche Beeinträchtigung des Täters zu bewirken, insbesondere seine Wiedereingliederung in die Gesellschaft (Resozialisierung) zu gefährden.*

Ohne dass die Täter erkennbar werden, ist ein Bericht oder Film also erlaubt. Das hat das Bundesverfassungsgericht erneut entschieden, als SAT 1 im Jahre 1996 wieder einen Film über den Lebach-Fall drehte und die damaligen Täter dagegen vorgingen, obwohl die Namen nicht vorkamen. Die Täter selbst dürfen durch einen anonymen Bericht an ihre Tat erinnert werden (Az 1 BvR 348/98).

Das Oberlandesgericht Hamburg hat entschieden, dass der Name eines Frauenmörders 13 Jahre nach seiner Verurteilung nicht mehr im Zusammenhang mit seinen Taten gebracht werden darf, auch nicht in abgekürzter Form. Und das Oberlandesgericht Köln hat es untersagt, den Namen eines Triebverbrechers sieben Monate nach dem rechtskräftigen Urteil zu nennen. Begründung:

> *Nach rechtskräftigem Abschluss des Strafverfahrens muss das Persönlichkeitsrecht wieder die Oberhand gewinnen.*

Vorstrafen

Darum darf auch grundsätzlich nicht über Vorstrafen berichtet werden (neben Intim- oder Privatsphäre, der dritte Tabu-Bereich, s.o. Seite 2).

Den Namen eines verurteilten oder bestraften Täters darf man aber dann doch nennen, wenn er (beweisbar) erneut in

Erscheinung tritt oder die Tat aus anderen, für die Öffentlichkeit wichtigen Gründen als dem Ereignis selbst wieder ins Licht der Öffentlichkeit gerät und der Name für den Bericht wichtig ist. Ziel der Berichterstattung darf es jedenfalls nicht sein, lediglich die alte Sache aufzuwärmen und den Betroffenen bloßzustellen.

Bei Politikern und anderen absoluten Personen der Zeitgeschichte darf über Vorstrafen berichtet werden, wenn sie für die Rolle in der Öffentlichkeit von Bedeutung und Interesse sind. Beispiel: Gesundheitsminister ist wegen Drogenkonsums vorbestraft, Verkehrsminister wegen Unfallflucht.

> Zusammenfassend kann also festgehalten werden, dass wahrheitsgemäß über alles, was nicht in der Privat- oder Intimsphäre geschieht, berichtet werden darf, z. B. über öffentliche Ereignisse, über das berufliche und öffentliche Verhalten von Prominenten, Politikern und Managern und über Machenschaften in der Wirtschaft und Politik, auch auf regionaler Ebene.

1.1.2 *Unwahrheit*

Was erwiesenermaßen unwahr ist, darf niemals berichtet werden.

Berichten heißt aber nicht, dass es ausdrücklich mit Worten gesagt bzw. geschrieben werden muss. Es genügt, wenn für den verständigen Durchschnittsleser »zwischen den Zeilen« oder durch die Kombination von Bild, Text und Überschrift ein falscher Eindruck erweckt wird. Wenn Burdas »Glücksrevue« im August 1992 mit Hilfe einer Fotomontage Prinzessin Caroline im Brautkleid und mit Baby im Arm auf dem Titelblatt zeigt und dazu schreibt »Hochzeit im September, Caroline im Glück«, so reicht das als wahrheitswidrige Tatsachenbehauptung aus. Denn Caroline hatte zu jenem Zeitpunkt nicht einmal beabsichtigt zu heiraten.

In einer anderen Zeitschrift (des Verlages Welt am Sonnabend GmbH) war zum Beispiel im Januar 1994 auf dem Titelblatt zu lesen:

Prinzessin Caroline – tapfer kämpft sie gegen Brustkrebs.

Sie litt aber selbst nicht an Brustkrebs. Es handelte sich um einen Bericht über ihren Einsatz für Krebsvorsorgeuntersuchungen. Über ihren Brustkrebs hätte ohnehin nicht berichtet werden dürfen, weil das zur Intimsphäre gehört (s. 1.1).

»Die Aktuelle« titelte am 20. September 1999

Caroline – Baby in der Klinik

und erweckte somit den Eindruck, das Baby sei krank. Der Eindruck aber war falsch. »Die Aktuelle« musste eine Richtigstellung drucken (s. dazu unten 4.4.1: Richtigstellung/Widerruf).

Wer einen Bericht über Stasi-Mitarbeiter mit dem Titel »Die Hauptamtlichen« überschreibt, darf darin nicht eine Gehaltsliste der Stasi abdrucken, die auch nichtamtliche Mitarbeiter aufführt. Der Leser müsse davon ausgehen, dass alle genannten Personen unmittelbar zum Stasi-Apparat gehörten (Bundesverfassungsgericht, Az. 1 BvR 1274/92).

Verboten ist es natürlich auch, Interviews zu erfinden, falsch zu zitieren oder Menschen Sätze in den Mund zu legen, die sie niemals gesagt haben, erst recht nicht gegenüber der Zeitschrift oder dem Sender.

1.1.3 *Vermutungen – oder: Tatsachen, deren Wahrheit oder Unwahrheit nicht bewiesen ist*

Wie vor allem Journalisten wissen, gibt es zwischen Wahrheit und Lüge eine große Grauzone: Tatsachen, von denen nicht feststeht, ob sie wahr oder unwahr sind – das muss erst noch bewiesen werden. Solche Vermutungen dürfen grundsätzlich nicht berichtet werden. Es sei denn, der Journalist bzw. die Redaktion handelt in Wahrnehmung berechtigter Interessen (geregelt in § 193 des Strafgesetzbuches).

Das ist dann der Fall, wenn

❑   ein berechtigtes, hohes öffentliches Interesse an der Berichterstattung besteht:

Es muss anhand objektiver Kriterien im konkreten Fall abgewägt werden, ob der Schutz des Betroffenen vor Bloßstellung oder das berechtigte Interesse der Allgemeinheit an der Berichterstattung schwerer wiegt. Insbesondere bei Berichten über Politik- und Wirtschaftsskandale kann davon ausgegangen werden, dass das öffentliche Interesse überwiegt.

Vor allem der Staat als Träger staatlicher Gewalt muss sich kritische Berichterstattung gefallen lassen. Dabei darf die Presse sehr weit gehen. Das Kammergericht Berlin hat das so ausgedrückt (Az. 9 W 6373/98):

... muss sich der Staat in erheblich weiterem Umfang kritischer Berichterstattung aussetzen. Dies folgt aus der Aufgabe der freien Presse als Kontrolle staatlichen und gesellschaftlichen Handelns, eine Aufgabe gar nicht so sehr gegen den Staat, sondern vielmehr im Interesse eines funktionierenden demokratischen Gemeinwesens. Verfehlungen und Missstände aufzuzeigen, gehört zu den legitimen Aufgaben der Presse. Sie braucht damit auch nicht zu warten, bis der volle Nachweis amtlich bestätigt ist. Sie kann im Gegenteil Vorgänge von sich aus aufgreifen, auch in einem Stadium, in dem zunächst lediglich ein Verdacht besteht. Dies kann insbesondere in die Öffentlichkeit berührenden Angelegenheiten mit dem Ziel geschehen, weitere Ermittlungen in Gang zu bringen. ...

Motto: Starke Macht braucht starke Kontrolle. Das gilt auch für wirtschaftliche Macht.

Besteht ein solches Interesse, darf berichtet werden, wenn

❏ der Journalist mit aller ihm zur Verfügung stehenden Sorgfalt recherchiert hat und aufgrund der sorgfältigen Recherche objektiv der Auffassung sein kann, die Vermutungen seien wahr.

Zur sorgfältigen Recherche gehört, dass man

❏ die Quellen und deren Zuverlässigkeit genau überprüft, bei Zweifeln mehrfach

❏ sich die Aussagen durch eidesstattliche Versicherungen bekräftigen lässt

15

❑ bei weiteren Quellen nachfragt

❑ auch Umstände ermittelt (und berichtet), die gegen die Vermutung sprechen

❑ den Betroffenen hört und im Bericht Stellung beziehen lässt

> **§ 6 Pressegesetz Rheinland-Pfalz**
>
> (als Beispiel für gleich lautende Vorschriften in allen Landes-Pressegesetzen)
>
> Die Presse hat alle Nachrichten vor ihrer Verbreitung mit der nach den Umständen gebotenen Sorgfalt auf Wahrheit, Inhalt und Herkunft zu prüfen. ...

Die eidesstattliche Versicherung ist ein häufig benutztes Mittel, um Aussagen von Informanten glaubhaft zu machen und die Recherche abzusichern. Da die eidesstattliche Versicherung Behauptungen tatsächlicher Art, also keine Wertungen, absichern soll, darf sie keine Meinungen oder Ansichten enthalten, sondern nur Tatsachen. Außerdem muss enthalten sein, dass dem Informanten bekannt ist, dass er sich strafbar macht, wenn er eine falsche eidesstattliche Versicherung abgibt.

Erfundenes Muster einer eidesstattlichen Versicherung:

Eidesstattliche Versicherung

Ich heiße Dr. Reiner Müller, war von 1989 bis 1998 Ministerialdirigent im Bundeskanzleramt in Bonn und wohne in der Wallensteinstraße 88 in Bonn.

Die Bedeutung einer eidesstattlichen Versicherung ist mir bekannt. Ich weiß, dass eine falsche eidesstattliche Versicherung strafbar ist. Zur Vorlage bei Gericht versichere ich Folgendes:

Am Dienstag, dem 9. Mai 1998, erteilte mir der Staatssekretär Josef Meier den Auftrag, sämtliche Unterlagen über den Fall Stefanie Schulz zu vernichten.

Es handelte sich bei den Unterlagen um 47 schwarze Aktenordner der Marke Leitz, die allesamt die blaue Aufschrift »Steuersache Schulz« trugen. Sie befanden sich im Büro des Staatssekretärs auf der obersten Etage des Ministeriums, Raum 1709.

Herr Meier ordnete an, ich solle die Ordner in den Reißwolf im Kellerraum 0123 bringen. Das tat ich. Ich lud die Ordner auf einen Rollwagen, wie er auf den Fluren des Ministeriums oft herumsteht, fuhr die Akten per Aufzug in den Keller und warf die Ordner in den Reißwolf. Es war etwa 15 Uhr, als ich den Kellerraum verließ. Ich schaute auf die Uhr, um nachzusehen, ob die Rede des Bundeskanzlers über Steuergerechtigkeit und Korruption, die an jenem Tag im Fernsehen übertragen werden sollte, schon im Gange war.

Warum ich die Akten vernichten sollte, weiß ich nicht. Ich habe den Staatssekretär auch nicht danach gefragt, weil ich keinen Ärger haben wollte, schließlich bin ich Beamter.

Berlin, den 27. Juni 2000

Reiner Müller

Dass man den Betroffenen anhört, also denjenigen, der von dem Bericht angegriffen wird, ist grundsätzlich Voraussetzung einer sorgfältigen Recherche. Es kann aber ausnahmsweise unterbleiben, wenn

❑   der Betroffene bereits zuvor zu den Vorwürfen zu Wort gekommen ist

oder

❑   der Bericht im Übrigen umfassend, fundiert und sorgfältig recherchiert und verfasst ist und die Anhörung des Betroffenen den Abdruck des Berichtes gefährden oder stark verzögern könnte, etwa weil der Betroffene sehr wahrscheinlich versuchen würde, per Gerichtsbeschluss den Artikel verbieten zu lassen.

Hat der Betroffene Gelegenheit gehabt, zu den Vorwürfen Stellung zu nehmen, sich aber geweigert, etwas dazu zu sagen, sollte im Bericht der Satz stehen, »X wollte sich nicht dazu äußern«, um den Willen der Redaktion zur äußersten Sorgfalt zu dokumentieren.

18

Der Bundesgerichtshof hat 1977 zu Berichten über bloße Vermutungen (Bestechungsskandal im Bundestag) gesagt (Az. VI ZR 36/74):

> *Daher muss die Presse, bevor sie sich zur Veröffentlichung entschließt, durch ihr mögliche Ermittlungen die Gefahr, dass sie über den Betroffenen etwas Falsches verbreitet, nach Kräften auszuschalten suchen (...).*

> *Darüber hinaus muss sie (dies selbst in einer »die Ordnung des Staates berührenden Angelegenheit«) auf eine Veröffentlichung überhaupt verzichten, solange nicht ein Mindestbestand an Beweistatsachen zusammengetragen ist, die für den Wahrheitsgehalt der Information sprechen und ihr damit erst »Öffentlichkeitswert« verleihen, der eine Abwägung mit den Persönlichkeitsrechten des Betroffenen diskutierbar sein lässt. Dieser zu verlangende Grad an Richtigkeitsgewähr ist umso höher anzusetzen, je schwerer und nachhaltiger das Ansehen des Betroffenen durch die Veröffentlichung beeinträchtigt wird; die Presse muss in solchen Fällen durch kritische Zurückhaltung zu erkennen geben, dass sie die Interessen des Betroffenen über ihren eigenen Belangen nicht aus den Augen verliert.*

> *An der Verbreitung bloßer Sensationsnachrichten (»Knüller«) mag die Presse allenfalls ein rein gewerbliches Interesse haben; insoweit kann aber eine Persönlichkeitsrechtsverletzung niemals gerechtfertigt sein.*

Das Oberlandesgericht München hat sich im Falle der Berichterstattung des STERNs über die Spionagetätigkeit des damaligen QUICK-Chefredakteurs wie folgt zur journalistischen Sorgfaltspflicht geäußert:

> *An die Erfüllung dieser journalistischen Sorgfalt können nicht die Maßstäbe einer gerichtlichen Wahrheitsfindung angelegt werden. ... Wenn auch die Prüfungs- und Wahrheitspflicht nicht überspannt werden darf, ist es doch unzulässig, leichtfertig unwahre Nachrichten weiterzugeben. ...*
>
> *Die Beklagten (STERN-Redakteure, Anm. d. Autors) haben sich vor Veröffentlichung der Äußerungen nicht nur auf die Informationen eines Angehörigen des MfS (Ministerium für Staatssicherheit, Anm. d. Autors) verlassen, was zweifellos leichtfertig gewesen wäre. Sie haben vielmehr sorgfältige und umfangreiche eigene Recherchen durchgeführt und darüber hinaus dem Zeugen v. N. Gelegenheit gegeben, sich zu den seitens der Beklagten gegen ihn erhobenen Vorwürfen zu äußern.*

Der STERN hatte mit Bundeskanzleramt, BKA, BND, Bayerischem und Berliner LKA, Hamburgischem Verfassungsschutz und dem Bundesamt für Verfassungsschutz gesprochen, um die Recherchen abzusichern.

1.1.4 *Verdacht*

Wenn Polizei und Staatsanwaltschaft jemanden einer Straftat verdächtigen und gegen ihn ermitteln, darf man nur dann darüber berichten, wenn man

❑ ganz deutlich herausstellt, dass es sich hier um einen bloßen Verdacht handelt

❑ den Verdächtigen auch stets so bezeichnet (»der des Mordes Verdächtige, der mutmaßliche Täter«)

❑ deutlich macht, in welcher Phase des Ermittlungsverfahrens sich der Fall befindet. Liegt er noch bei der Polizei, oder sind deren Ermittlungen schon abgeschlossen und die Staatsanwaltschaft bearbeitet ihn, oder ist bereits die Anklage erhoben und die Gerichtsverhandlung steht bevor. Das ist für die Intensität des Verdachts entscheidend.

Der Betroffene ist nach der Strafprozessordnung erst dann der Täter, wenn er vom Gericht rechtskräftig verurteilt worden ist. Bis dahin gilt er formal als unschuldig – selbst wenn er ein glaubhaftes Geständnis abgelegt hat.

Im Fall des glaubhaften Geständnisses und auch bei mehreren Augenzeugen relativiert sich die Pflicht, den Betroffenen stets als nur verdächtig zu beschreiben. Es wäre nahezu lächerlich. Aber er darf trotz allem z.B. nicht als Mörder bezeichnet werden, bis das Gericht sein Urteil gesprochen hat.

Es muss für den Leser klar erkennbar bleiben, dass das Urteil des Gerichts noch aussteht. Denn möglicherweise war der Täter bei der Tat unzurechnungsfähig, handelte in Notwehr oder nicht mit Tötungswillen, so dass er z.B. nur wegen Körperverletzung mit Todesfolge bestraft werden kann oder wegen Unzurechnungsfähigkeit sogar freigesprochen wird. Am besten ist daher die Formulierung »der mutmaßliche Täter«.

Namensnennung / Erkennbarkeit

Im Ermittlungsverfahren darf der Name (oder andere Umstände, die den Betroffenen erkennbar machen, s. Kapitel 4.1), grundsätzlich erst bei dringendem Tatverdacht genannt werden; der liegt bei einem Haftbefehl vor – allerdings auch dann nur bei spektakulären Taten. Denn der Eingriff in das Persönlichkeitsrecht wiegt noch schwerer als beim Gerichtsbericht, da der Betroffene dann schon angeklagt und der Verdacht viel stärker ist. Für eine Namensnennung beim Verdacht muß das Informationsbedürfnis noch höher sein als beim Gerichtsbericht (s. Kapitel 1.1 und 1.5)

1.1.5 *Gerüchteküche/Klatsch und Tratsch*

Gerüchte – Vermutungen, die überwiegend aus der Luft gegriffen sind und nicht auf Fakten beruhen – darf man grundsätzlich nicht verbreiten, selbst wenn man ganz deutlich herausstellt, dass es sich nur um Gerüchte handelt.

Nur bei hohem öffentlichem Interesse darf über ein Gerücht berichtet werden, aber auch nur dann, wenn

❑   es nicht völlig aus der Luft gegriffen ist, sondern aus einer glaubwürdigen Quelle stammt

und

❑   es deutlich als Gerücht oder Spekulation bezeichnet ist, also jedem Leser klar wird, dass es auf keinerlei Fakten beruht, nicht bewiesen ist und auch die Redaktion Zweifel an der Richtigkeit hat.

Hohes öffentliches Interesse läge zum Beispiel vor, wenn es handfeste, nicht völlig aus der Luft gegriffene Gerüchte um einen Rücktritt des Bundeskanzlers gäbe, um die Papstnachfolge oder um den Transfer eines Spitzenfußballers zu einem anderen Verein.

Im Januar 1997 gab es das Gerücht, Schäuble wolle Nachfolger von Helmut Kohl werden. Dieses Gerücht, da hochpolitisch, durfte gedruckt werden. Es ist ja sogar Wirklichkeit geworden, soweit es den Parteivorsitz betrifft. Im Februar 1999 gab es Spekulationen, dass Papst Johannes Paul II. sich bei der britischen Regierung für die Freilassung des Ex-Diktators Pinochet eingesetzt habe. Auch das durfte gedruckt werden.

Aber auch hier gilt: Nicht schon, wenn die Redaktion glaubt, etwas sei von hohem öffentlichem Interesse, ist es das auch tatsächlich. Es muss ein objektiver Maßstab angelegt werden: Im Rahmen der journalistischen Sorgfalt muss abgewogen werden zwischen dem Informationsinteresse der Öffentlichkeit und dem Persönlichkeitsrecht des Betroffenen. Der Zweck darf nicht nur die Auflagensteigerung mittels eines Skandälchens sein.

Ausgenommen vom Verbot der Gerüchteküche sind auch Klatsch und Tratsch über Personen der Zeitgeschichte, wenn es sich dabei nur um allgemeines, belangloses, unbedeutendes Geplänkel handelt: Etwa wer mit wem geflirtet haben soll, wer mit wem auf einer Party erschienen sein soll. Ob Liz Taylor beabsichtigt, mal wieder zur Schönheitsfarm zu gehen usw.

Aber: Wenn ein solcher Klatsch und Tratsch zu stark die Privatsphäre oder gar die Intimsphäre verletzt, ist seine Verbreitung verboten.

Gerüchte sollten für Journalisten der Anlass für eine weiter gehende Recherche, nicht schon für den Bericht selbst sein.

1.2 Meinung

Seine Meinung darf man immer schreiben, solange sie niemanden beleidigt. Bei Schmähkritik hört die zulässige Meinungsäußerung auf.

Dass eine Fernsehansagerin wie »eine ausgemolkene Ziege« aussehe, bei deren Anblick einem die Milch sauer werde, und dass sie höchstens in ein zweitklassiges Tingeltangel auf der Reeperbahn passe, mag ja stimmen, darf aber so nicht gedruckt werden. Diese »Fernsehkritik« hat im Jahre 1962 zu einem der ersten bekannten Schmerzensgeldprozesse der Bundesrepublik wegen Persönlichkeitsrechtsverletzungen durch Schmähkritik geführt. Die Betroffene hat damals 10 000 Mark zugesprochen bekommen (s. dazu Kapitel 4.6).

Der Bundesgerichtshof begründete das damals so:

> *»Eine solche Reportage bedeutet nicht nur die Überschreitung der durch die Gesetze des guten Geschmacks gesetzten Grenzen, sie enthält zugleich eine unverantwortliche Herabwürdigung der Frauenehre ...«*

Da aber, abgesehen von solcher Schmähkritik, im Rahmen der Meinungsäußerung erheblich mehr erlaubt ist als bei

Tatsachenbehauptungen (gegen Meinung gibt es keine Gegendarstellung und – außer bei Schmähkritik – keine Unterlassungsklage), gibt es immer wieder Streit darüber, was noch Meinung und was schon Tatsache ist.

Die Rechtsprechung neigt dabei immer mehr dazu, der Meinungsäußerung einen weiten Spielraum zu lassen. Fazit: Es komme nicht nur auf die Äußerung als solche, isoliert betrachtet, an, sondern man müsse betrachten,

❏ in welchem Kontext sie stehe

❏ was sie in diesem Kontext bedeute und

❏ inwieweit der Betroffene selbst die Kritik durch sein öffentliches Auftreten und seine öffentlichen Äußerungen auf sich gezogen habe – Motto: Wer austeilt, muss auch einstecken, oder wie die Präsidentin des Bundesverfassungsgerichtes, Jutta Limbach, es einmal ausgedrückt hat, »Wer keine Hitze verträgt, soll die Küche meiden.«

Das für einen vernünftigen Durchschnittsleser erkennbare Ziel der Äußerung muss es sein, in die öffentliche Debatte einzugreifen und zur Meinungsbildung beizutragen. Ziel darf nicht sein, nur die Person des Betroffenen bloßzustellen und zu diffamieren. Das gilt übrigens auch für Verstorbene.

Darum kann man, abgesehen von klaren, ausdrücklichen Beleidigungen, nicht einzelne Worte oder Begriffe aufzählen, die nicht oder noch erlaubt sind. Man muss die Äußerung stets im Gesamtzusammenhang sehen. Die Grenzen sind fließend.

Eine der ersten Entscheidungen in Richtung großzügige Meinungsfreiheit im öffentlichen, politischen Meinungskampf fällte ein bayerisches Gericht: Am 9. Juli 1984 unterlag der damalige ZDF-Magazin-Moderator Gerhard Löwenthal vor dem Oberlandesgericht München gegen den sozialdemokratischen Pressedienst. Der SPD-Bundestagsabgeordnete Wolfgang Roth hatte sich damals im sozialdemokratischen Pressedienst über Löwenthal so geäußert:

»*Da polemisiert seit Jahren Gerhard Löwenthal im ZDF-Magazin einseitig und ohne jede Ausgewogenheit alle 14 Tage aus seiner extrem rechten Position gegen alles, was nicht auf seiner Linie des kalten Krieges liegt. Er diffamiert, fälscht und beleidigt. Er beteiligt sich an rechtsextremen Kampagnen. Er macht trotzdem seit Jahren ungestörte Fernsehschau. Man ist liberal gegen rechts.*

Da stellt Franz Alt in fundierten überparteilichen Beiträgen gewisse Doktrinen der Sicherheitspolitik in Frage, kritisiert mit den Argumenten einer großen Friedensbewegung mögliche Raketen-Entscheidungen und wird sofort von seiner Funktion als Moderator suspendiert. Hier gibt es keine Liberalität. ...

Was sind das für öffentliche Anstalten, die den kritischen, geistig-unabhängigen CDU-Mann Alt feuern und den Polemiker Löwenthal auf seinem Sessel halten?

Ich möchte nicht falsch verstanden werden. Meinetwegen soll Löwenthal bleiben, schon als abschreckendes Beispiel hat er seine Aufgabe. Aber die Parallele ist erschreckend. Wer mit Neonazis sympathisiert, wie Löwen-

*thal, bleibt, wer mit der großen, jungen Friedensbewe-
gung sympathisiert, fliegt. ...«*

Gegen die Äußerungen

> *er diffamiere, fälsche und beleidige*

und

> *er sympathisiere mit Neonazis*

klagte Löwenthal auf Unterlassung. Er vertrat die Ansicht,
bei diesen Äußerungen handle es sich nicht um Meinungsäußerung, sondern um unwahre Tatsachenbehauptungen,
durch die er in seinem Persönlichkeitsrecht schwer beeinträchtigt werde.

Das Landgericht war in der ersten Instanz Löwenthals Auffassung gefolgt. Das Oberlandesgericht war jedoch anderer
Meinung und hob die Entscheidung des Landgerichts auf,
weil es die Äußerungen nicht für Tatsachenbehauptungen,
sondern für zulässige Meinungsäußerung hielt. Das begründete das Gericht so:

> *Eine Äußerung fällt in den Schutzbereich des Grundrechts
> der Meinungsfreiheit, wenn sie durch die Elemente der
> Stellungnahme, des Dafürhaltens und Meinens geprägt
> ist. Das muss auch dann gelten, wenn sich diese Elemen-
> te – wie häufig – mit Elementen der Tatsachenmitteilung
> oder -behauptung verbinden oder vermischen, jedenfalls
> dann, wenn sich beide nicht trennen lassen und der
> tatsächliche Gehalt gegenüber der Bewertung in den Hin-
> tergrund tritt. ...*

27

Die Äußerung, der Kläger sympathisiere mit Neonazis, ist daher nicht als Tatsachenbehauptung, sondern als subjektive und pauschale Bewertung des Auftretens des Klägers in der Öffentlichkeit anzusehen. ...

Meinungsäußerungen, ob wertvoll oder wertlos, richtig oder falsch, emotional oder rational begründet, sind vom Grundrecht des Artikels 5 GG geschützt. Auch scharfe und übersteigerte Äußerungen fallen, namentlich im öffentlichen Meinungskampf, grundsätzlich in den Schutzbereich des Artikels 5 Abs. 1 Satz 1 GG. Wird von dem Grundrecht nicht zum Zwecke privater Äußerungen Gebrauch gemacht, sondern will der Äußernde in erster Linie zur Bildung der öffentlichen Meinung beitragen, dann sind Auswirkungen seiner Äußerung auf den Rechtskreis Dritter zwar unvermeidliche Folge, aber nicht eigentliches Ziel der Äußerung. ...

Kurzum: Für die Abgrenzung von Meinung und Tatsachenbehauptung kommt es auf den Zusammenhang, das Ziel der Äußerung und die Gesamtwirkung des Beitrages an.

Anknüpfend an die Entscheidung des Oberlandesgerichtes München, hat das Bundesverfassungsgericht 1991 folgende Äußerung eines Vereins von BAYER-Geschädigten als zulässige Meinung angesehen:

Gefahren für die Demokratie

In seiner grenzenlosen Sucht nach Gewinnen und Profiten verletzt BAYER demokratische Prinzipien, Menschenrechte und politische Fairness. Missliebige Kritiker werden be-

spitzelt und unter Druck gesetzt, rechte und willfährige Politiker werden unterstützt und finanziert.

Ebenfalls als zulässige Meinungsäußerung stufte das Bundesverfassungsgericht 1982 die Aussage eines SPD-Politikers

»Die CSU ist die NPD von Europa«

ein, die der Politiker im Rahmen von Wahlkampfveranstaltungen in einer Wahlrede verwendete.

Die Richter waren der Auffassung, in diesem Zusammenhang sei die Äußerung eine erlaubte Meinungsäußerung. Keiner könne den Satz ernsthaft als Tatsachenbehauptung begreifen, da er ganz offenkundig falsch sei, denn die CSU sei eben nicht die NPD. Weiter führte das Gericht aus.

Eine derart absurde Aussage zu machen lag erkennbar nicht in der Absicht des Beschwerdeführers (SPD-Politiker, Anm. d. Autors); auch wird niemand sie in dieser Bedeutung verstehen. ...

Der tatsächliche Gehalt der substanzarmen Äußerung tritt gegenüber der Wertung zurück. ...

Jeder soll frei sagen können, was er denkt, auch wenn er keine nachprüfbaren Gründe für sein Urteil angibt oder angeben kann.

Das Oberlandesgericht Brandenburg hat 1995 Folgendes entschieden:

Eine Presseveröffentlichung, die einem Baudezernenten »Nichtstun« vorhält, stellt sich im Allgemeinen als – im 29

Zweifel zulässige – Meinungsäußerung »im Gewand einer Tatsachenbehauptung« dar.

Eine im öffentlichen Leben stehende Person muss sich auch eine überzogene, polemische oder überspitze Kritik an ihrem Wirken gefallen lassen, solange sich dies nicht als Schmähkritik – also als bloße Diffamierung der Person – darstellt.

Die bekannteste Entscheidung in jüngster Zeit, war das »Soldaten-sind-Mörder-Urteil« des Bundesverfassungsgerichts (Az. 1 BvR 1476/91). Auch darin kam zum Ausdruck, dass man den umstrittenen Satz nicht ohne den dabei dargestellten oder stets damit verbundenen Zusammenhang sehen darf. Der Satz wurde damit als zulässige Meinungsäußerung eingestuft.

Das Gericht:

» ... Den Beschwerdeführern ging es erkennbar um eine Auseinandersetzung in der Sache, und zwar um die Frage, ob Krieg und Kriegsdienst und die damit verbundene Tötung von Menschen sittlich gerechtfertigt sind oder nicht. ...«

Eine Beleidigung im Sinne des Strafrechts konnte es auch deshalb nicht sein, weil weit gefasste Personengruppen (»Sammelbeleidigung«), in denen ein Einzelner anonym bleibt, grundsätzlich nicht beleidigt werden können, sondern nur abgrenzbare Gruppen. Herabsetzende Äußerungen unter verallgemeinernden Sammelbezeichnungen sind in aller Regel keine Beleidigungen, sondern Kritik an dem sozialen Phänomen – oder, wie manche Juristen meinen, dummes Geschwätz.

Man darf also abstrakt schreiben »Lehrer sind doof«, aber z.B. nicht »die Lehrer des Auguste-Viktoria-Gymnasiums in Trier sind doof« (siehe dazu auch unten Kapitel 2). Einem Soldaten zu sagen, er sei ein Mörder, oder die Bundeswehr oder gar eine bestimmte Kompanie als Mörderbande zu bezeichnen, dafür hat das Bundesverfassungsgericht mit seinem Urteil keinen Freibrief erteilt.

Im Zusammenhang mit einem Bericht über seine Vergangenheit als Journalist im Dritten Reich durfte Werner Höfer im Dezember 1987 vom SPIEGEL als »Schreibtischtäter« bezeichnet werden – als erkennbar zusammenfassende Wertung der in dem Bericht dargestellten Umstände seines Verhaltens.

Ebenso durfte die Deutsche Unitarier Religionsgemeinschaft im Zusammenhang mit einer sachlichen Darstellung ihrer nazistischen Vergangenheit als »Nazi-Sekte« bezeichnet werden.

Der frühere CSU-Chef Franz Josef Strauß durfte in einem Artikel, der ausführlich die Meinung darstellt und untermauert, Strauß sei nur Demokrat geworden, weil die Umstände es verlangten, als »Zwangsdemokrat« bezeichnet werden.

Nicht mehr erlaubt ist, über einen Unternehmer zu schreiben, er sei »Pleite gegangen« – sofern er nicht tatsächlich in Konkurs gefallen oder Bankrott gemacht hat. Den Begriff »Pleite gehen« begreife der Durchschnittsleser als Faktum, nicht als Wertung, hat der Bundesgerichtshof 1994 entschieden.

Ebenso wenig ist es erlaubt, in einem kritischen und insgesamt abwertenden Bericht einen querschnittsgelähmten Reserveoffizier als Krüppel zu bezeichnen. Das ist Schmähkritik und beleidigend, weil der Begriff »Krüppel« vom Durchschnittsleser grundsätzlich immer als Demütigung gesehen wird. (Es sei denn, es ergibt sich aus dem Zusammenhang ausnahmsweise etwas anderes.)

Als unzulässige Kritik an einen Journalisten sah das Landgericht München die Bezeichnung »ausgemachte Drecksau« an. Auch wenn die Rechtsprechung »starke Formulierungen« bei der Meinungsäußerung erlaubt, so stark dürfen sie aber nicht sein.

Als Schmähkritik eingestuft hat das Bundesverfassungsgericht auch die folgende Buchkritik, die der Kritiker hingegen als ein eigenes Kunstwerk verstanden wissen wollte:

Es ist schon schlechterhin phantastisch, was für ein steindummer, kenntnisloser und talentfreier Autor schon der junge Böll war, vom alten fast zu schweigen – und mehr noch: Er war, gegen's allzeit und bis heute kurrente Klischee und mit Sicherheit gegen seine eigene Selbsteinschätzung, auch einer der verlogensten, ja korruptesten. Dass ein derartiger z. T. pathologischer, z. T. ganz harmloser Knallkopf den Nobelpreis erringen durfte; dass Hunderttausende lebenslang katholische belämmert und verheuchelte Idioten jahrzehntelang den häufig widerwärtigen Dreck wegblasen; dass heute noch die Grünen auf eben ihm Stiftungshäuser erbauen – ist das nicht alles wunderbar?

Das Bundesverfassungsgericht stufte diese Buchkritik, die sich gegen Bölls Roman »Und sagte kein einziges Wort« richtete, nicht allein wegen der Formulierungen, sondern vor allem auch deshalb als Schmähkritik ein, weil sie sich in keiner Weise mit dem Text des Buches auseinandersetzte; sie steht in keinem Zusammenhang mit dem angeblich kritisierten Text. Die Wertungen sind nicht begründet, sondern entbehren jeglicher sachlicher Grundlage.

Äußerst umstritten ist eine Entscheidung des Landgerichts Berlin aus dem Jahre 1999 (Az: 27 O 302/99): Das Gericht hielt es für zulässig, dass ein Geistesgestörter, der eine junge Frau sieben Wochen in einem Keller sexuell missbrauchte und folterte, »Sex-Monster« und »Sexkeller Monster« genannt wird. Zuvor hatte ein Richter diese Bezeichnungen in einer einstweiligen Verfügung noch verboten, weil dem Täter damit die Menschennatur abgesprochen und er mit dem Tier, einem Ungeheuer gleichgestellt werde. Vorsicht ist bei solch starken Worten jedenfalls angebracht.

Satire

Satire darf mehr als die »normale« Meinungsäußerung, sie darf noch stärker überspitzen, noch unverschämter sein. Bei der Satire ist aber der Hintergrund, der Zusammenhang, dass es sich eben um Satire handelt, wichtig bei der Auslegung, was noch erlaubt ist. Bei Satire weiß der Leser oder Zuschauer, dass es nicht ganz ernst gemeint ist. Und noch mehr als bei der »normalen Meinungsäußerung gilt: Wer durch sein Verhalten Satire geradezu herausfordert, muss ein besonders dickes Fell haben – vor allem Politiker.

Allerdings ist sie auch nicht grenzenlos möglich. Auch hier gilt die Grenze der Schmähkritik. Wenn die Äußerung, das Bild oder die Zeichnung nicht mehr zum Lachen, sondern nur verletzend sind, hört auch die Satire auf. Auch hier sind die Grenzen fließend und müssen im Einzelfall vom Gericht abgesteckt werden. Der Streit kann aber schon damit beginnen, ob die Äußerung überhaupt satirisch war, wie bei dem oben zitierten Beispiel der Böll-Kritik (Seite 32).

Das Bundesverfassungsgericht hat das so ausgedrückt (Az. 1 BvR 2000/96):

> *Satire kann Kunst sein; nicht jede Satire ist jedoch Kunst. Das ihr wissensmäßige Merkmal, mit Verfremdungen, Verzerrungen und Übertreibungen zu arbeiten (...), kann ohne weiteres auch ein Mittel der einfachen Meinungsäußerung oder der Meinungsäußerung durch Massenmedien (...) sein. ...*

> *Im Übrigen erfordert die rechtliche Beurteilung von Satire die Entkleidung des »in Wort und Bild gewählten satirischen Gewandes«, um ihren eigentlichen Inhalt zu ermitteln (...). Dieser Aussagekern und seine Einkleidung sind sodann gesondert darauf hin zu überprüfen, ob sie eine Kundgabe der Missachtung gegenüber der betroffenen Person enthalten. Dabei muss beachtet werden, dass die Maßstäbe im Hinblick auf das Wesentliche der Verfremdung für die Beurteilung der Einkleidung anders und im Regelfall weniger streng sind als die für die Bewertung des Aussagekerns.*

34 | Harald Schmidt durfte in seiner Late-night-Show, den Hypnotiseur »Pharo« kritisieren, der bei der Sendung eine CD

vorführte, bei deren Anhören der Busen wachsen sollte. Bei einer Studiokandidatin wirkte die CD allerdings dann nicht. Schmidt ließ statt dessen Ballons unter seinem Oberhemd aufblasen, die schließlich platzten. Anschließend bewertete er die CD mit folgenden Worten:

> *Ich hab's mir fast gedacht. Wieder so eine Betrügerkiste … Diese Platte ist wahrscheinlich nicht ganz seriös, aber es geht wohl nicht ohne Betrug und Schwindel.*

Dagegen klagte Pharo. Das Landgericht Paderborn stufte die Harald-Schmidt-Show als satirische Comedy-Show und die Kritik nicht als Tatsachenbehauptung, sondern als Meinung ein und betrachtete sie als zulässige Satire – auch weil Pharo die Kritik geradezu provoziert hatte:

> *Erheblich war des weiteren die Erwägung, dass das Produkt, um das es ging, wegen seines Bezuges zu irrationalen Sphären nicht nur für eine satirische Verarbeitung durch den Beklagten (Schmidt, Anm. des Autors) geeignet war, sondern möglicherweise auch eine überspitzte und vorschnelle Beurteilung geradezu herausforderte.*
>
> *…*
>
> *Vor allem entscheidend war für die Kammer (das Gericht, Anm. des Autors) schließlich die Tatsache, dass der Kläger selbst sich aus eigenem Entschluss in den öffentlichen Meinungsstreit begeben und eine Präsentation seiner Muster-CD in der Show des Beklagten mit einer Zuschauerquote von knapp einer Million Menschen (…) gesucht hatte.*

> *Dabei musste er nicht nur davon ausgehen, dass der Be-*
> *klagte auf die für ihn typische satirische Art und Weise*
> *das Produkt verreißen würde, sondern er musste darüber*
> *hinaus in Kauf nehmen, auch persönlich vom Beklagten*
> *angegriffen zu werden. Denn dieser hat sein Image als*
> *»Dirty Harry«, seine »Menschenverachtung« und seinen*
> *»Zynismus« zu seinem Markenzeichen gemacht (FAZ-Ma-*
> *gazin vom 6.5.1997).*

Hier sei noch einmal an den Grundsatz erinnert: Wer Hitze nicht vertragen kann, sollte die Küche meiden.

Erlaubt war zum Beispiel, dass Greenpeace im Sommer 1990 auf einem Plakat gegen FCKW die Vorstandsvorsitzenden der Hoechst AG und der Kali Chemie AG abbildete und dazu schrieb: »Alle reden vom Klima, wir ruinieren es!« Das hat das Bundesverfassungsgericht entschieden (Az. 1 BvR 2126/93). Die Hoechst AG und die Kali Chemie AG waren damals die einzigen deutschen Unternehmen, die noch FCKW produzierten.

Erlaubt war es auch, ein Plakat der deutschen Verkehrswacht zu verfälschen. Das ursprüngliche Plakat zeigte eine bekannte Schauspielerin, darunter stand: »Wer trinkt, fährt ohne mich. Jahr für Jahr verunglücken Frauen, weil der Fahrer getrunken hat.« Eine Satiremagazin druckte das Plakat mit verändertem Text ab: »Wer trinkt, fährt besser als ich nüchtern. Jahr für Jahr verunglücken junge Frauen, weil sie kein Auto fahren können.« Das Oberlandesgericht Zweibrücken sah die Persiflage als zulässige Satire an, weil damit die Unsinnigkeit des ursprünglichen Plakats dargestellt

Für diese Schmähkritik musste Zitty 15 000 DM Schmerzensgeld zahlen

werden sollte und nicht die Schauspielerin als unfähige Autofahrerin.

Für die obenstehende Markwort-Karrikatur musste ZITTY 15 000 Mark Schmerzensgeld zahlen. Sie durfte aber bei einem Bericht über den Prozess Markwort gegen ZITTY in der TITANIC abgedruckt werden, weil TITANIC sachlich und ausgewogen über den Prozess berichtete und der Bericht ohne die Zeichnung kaum zu verstehen gewesen wäre. Kritische Berichte über das Verbotene sind grundsätzlich erlaubt, auch das Verbotene darf dann gezeigt werden, wenn es notwendig für das Verständnis ist.

1.3   Zitate und Interviews

Nicht nur selbstrecherchierte Tatsachen oder selbstgeäußerte Meinungen können vom Betroffenen angegriffen werden, sondern auch solche, die ein anderer äußert und für die man ihm im Blatt oder Sender ein Podium bietet. Verlag oder Sender können wegen Verbreitens oder Zueigenmachens für die Äußerungen Dritter haften. Die Grenzen zwischen Verbreiten und Zueigenmachens sind von der Rechtsprechung nicht klar abgesteckt, sondern, wie so häufig, verschwommen.

1.3.1   Zu Eigen machen

Besonders gefährlich ist es, wenn man sich die Aussage eines Dritten zu Eigen macht. Dann haftet man nicht nur wegen Verbreitens einer unzulässigen Aussage, sondern wegen des Behauptens wie der Zitierte selbst. Sich etwas zu

Eigen machen bedeutet, man übernimmt die Aussage als eigene. Etwa so:

> *Wie schon Professor Meier richtig gesagt hat, ist der Minister bis ins Mark korrupt und hat Bestechungsgelder angenommen.*

Oder:

> *Professor Meier hat es deutlich gesagt: Der Minister ist korrupt und hat Bestechungsgeld kassiert.*

Oder auch nur:

> *Der Minister ist korrupt. Das hat Staatssekretär Müller uns gegenüber geäußert.*

Um sich eine Aussage zu Eigen zu machen, muss man sie nicht ausdrücklich unterstützen oder sich ausdrücklich auf sie stützen. Es genügt, wenn für den vernünftigen Durchschnittsleser im Zusammenhang der Eindruck entsteht, auch die Redaktion sei der Auffassung des Zitierten oder stütze sich in dem Bericht auf sie.

Ein Fernsehmagazin muss sich die Aussagen Dritter als eigene zurechnen lassen, wenn es sie unwidersprochen zur alleinigen Grundlage eines Berichts macht. Das hat der Bundesgerichtshof entschieden (Az. VI ZR 323/95).

1.3.2 *Verbreiten*

Wer falsche Tatsachenbehauptungen oder beleidigende, verleumderische Äußerungen eines Dritten lediglich verbreitet, muß zwar nicht selbst für den Inhalt der Aussage gera-destehen, kann aber über die sogenannte Verbreiterhaftung dafür verantwortlich gemacht werden, und das bedeutet: Die Zeitung oder der Sender muß es künftig unterlassen, die Aussage zu verbreiten und muss sich von ihr distanzieren (s. Kapitel 4.3 und 4.4.3), wenn der Betroffene es verlangt.

Für die Verbreitung einer Aussage ist der Verlag oder Sender dann verantwortlich, wenn er sich die Aussage zwar nicht zu Eigen macht, sie aber einfach so stehen lässt, ohne sich erkennbar davon zu distanzieren.

Wenn Y in einem Interview sagt, »Schröder ist nur durch Wahlfälschung Kanzler geworden«, so darf dieser Satz nicht im Raum stehen bleiben. Der Satz muss ganz deutlich als bloße Behauptung des Y herausgestellt werden, die nicht von der Redaktion gebilligt oder gar unterstützt wird. Wenn sich die Redaktion nicht deutlich und erkennbar von dieser Aussage distanziert, verbreitet sie eine nicht bewiesene Tatsachenbehauptung.

Im Interview müsste es dann sinngemäß etwa so heißen:

»Aber Herr Y, das ist aber eine schwere Anschuldigung, die offensichtlich jeder Grundlage entbehrt und für die wir keinerlei Anhaltspunkte finden können. Haben Sie dafür denn Beweise?«

Wenn durch den Zusammenhang erkennbar ist, dass der Interviewte die Äußerung nicht als Tatsache, sondern als Meinung äußert, weil er z.B. eine an und für sich erlaubte Wahlkampagne oder Wahlwerbung aus seiner Sicht mit bestimmten Erklärungen als Wahlfälschung einstuft, so muss die Distanzierung nicht in so starker Form geschehen. Es kann dann genügen:

»Das meinen Sie aber wohl nicht im juristischen Sinne, sondern eher auf einer moralischen, übertragenen Ebene. Sie wollen damit sagen, dass ...«

Eine solche Distanzierung kann völlig entfallen, wenn der Interviewte selbst erläutert, dass er den Begriff Wahlfälschung aus seiner persönlichen Sicht als Meinungsäußerung versteht und warum – z.B., weil Schröder ein Versprechen, das er im Wahlkampf gegeben hat, nicht eingehalten hat.

Von Zitaten kann man sich auch dadurch distanzieren, dass man ein gegenteiliges Zitat dazustellt oder ein breites Meinungsspektrum anbietet, das es dem Leser ermöglicht, sich ein eigenes Bild zu machen (»Markt der Meinungen«), und gleichzeitig deutlich macht, dass die Redaktion die umstrittene Meinung bzw. Aussage nicht bevorzugt.

Etwa so:

> *Meier sagte, der Minister habe Bestechungsgelder angenommen und Akten vernichtet. Müller ist da aber ganz anderer Meinung, Müller sagt, so ein Vorwurf sei absurd, und das könne er auch beweisen. Schulz hält das Ganze eher für eine Verwechslung. Meiers Aussage ist somit also nicht bewiesen, sondern sehr umstritten. Bisher spricht erheblich mehr gegen Meiers Vorwurf als dafür. Auch die Staatsanwaltschaft hat bisher keine Anhaltspunkte, die ein Ermittlungsverfahren rechtfertigen würden.*

41

Beim Radio oder Fernsehen kann das breite Meinungsspektrum durch hintereinandersetzen der verschiedenen Aussagen dargeboten werden.

Jedenfalls muss der Leser deutlich erkennen, dass die Redaktion das umstrittene Zitat nicht unkritisch im Raum stehen lässt.

Manche Gerichte sehen es sogar schon als Distanzierung an, dass die betreffende Aussage von dem Interviewten und nicht von der Redaktion stammt. So etwa das Landgericht Düsseldorf (Az. 12 O 156/98). Das kann aber nur in den Fällen richtig sein, in denen sich aus der Gesamtschau des Beitrages ergibt, dass die Redaktion die Aussage nicht für richtig hält. Sonst brauchte man nie eine Distanzierung.

Wenn der Interviewte aber ohne jeglichen Zusammenhang sagen würde, »Kohl ist ein Schwein« oder noch Schlimmeres, so dürfte dieser Satz nicht gedruckt oder gesendet werden, denn es gibt keine Möglichkeit, sich von ihm zu distanzieren, weil er eine *Schmähkritik* darstellt. Es reicht nicht aus zu schreiben: »Aber Herr X, da sind wir ganz anderer Meinung« oder gegebenenfalls: »Da sind aber viele Leute ganz anderer Meinung.«

Für Schmähkritik muss der Verlag grundsätzlich immer im Rahmen der Verbreiterhaftung geradestehen. Die Zeitung, Zeitschrift oder der Sender muss von strafbarem Inhalt frei bleiben.

Eine Ausnahme ist unter Umständen gegeben, wenn gerade die ehrverletzende Äußerung Gegenstand der Berichterstattung ist, also wenn etwa Schäuble öffentlich zu Kohl gesagt hätte, er sei doof, und über diese Beleidigung berichtet würde. Allerdings auch nur dann, wenn der Bericht ohne das konkrete Zitat – etwa durch eine Umschreibung – nicht verständlich wäre.

Bei Live-Interviews kann die Distanzierung nicht immer sofort im Interview geschehen; dann muss sie in der Abmoderation stattfinden; etwa so:

> *Zwar hat Meier gesagt, der Minister habe Bestechungsgelder angenommen, doch das ist nicht bewiesen, sondern lediglich ein Vorwurf, der von vielen Seiten angezweifelt wird und für den auch unsere Redaktion keinerlei Hinweise finden konnte.*

1.4 *Der Leserbrief*

Zwar darf ein Leserbrief ebenso wie ein redaktioneller Artikel scharfe Wertungen, Überspitzungen und harsche Kritik im Rahmen des öffentlichen Meinungsstreits enthalten (s. Kapitel 1.2), aber Lügen, Verleumdungen, falsche Anschuldigungen, Beleidigungen u.ä. sind ebenso verboten und dürfen nicht abgedruckt werden. Daher muss auch der Leserbrief kontrolliert werden.

Da aber jedem vernünftigen Durchschnittsleser bewusst ist, dass die Redaktion und der Verlag den Inhalt von Leserbriefen nicht mit demselben Sorgfaltsmaßstab prüfen können wie bei selbstverfassten Berichten, legt die Rechtsprechung den Maßstab niedriger an. Nur für offenkundig falsche Behauptungen und beleidigende verleumderische Aussagen haftet der Verlag. Er hat somit eine »Grobprüfungspflicht« (vergleiche dazu auch Kapitel 7.3 Prüfung von Anzeigen) Der Hinweis, dass Leserbriefe nicht die Meinung des Verlages wieder geben, ist juristisch insoweit unbedeutend.

Allerdings: Wenn eine Redaktion gelegentlich Leserbriefe selbst schreibt, und das soll ja sogar bei großen Magazinen nicht ungewöhnlich sein, haftet sie natürlich für den Inhalt voll und nicht nur nach dem eingeschränkten, niedrigeren Maßstab.

1.5   *Gerichtsbericht und Parlamentsbericht*

In einem Gerichtsbericht darf grundsätzlich all das stehen, was im Prozess gesagt worden ist, z.B. Zeugenaussagen und die Einlassungen des Angeklagten. Es kommt nicht darauf an, ob es wahr ist. Dem Journalisten kann nicht zugemutet werden, zunächst zu überprüfen, ob der Angeklagte oder ein Zeuge die Wahrheit gesagt hat. Er müsste sich ja sonst an die Stelle des Richters setzen. Die sonst übliche Überprüfungspflicht der Zitate entfällt. Jedem Leser ist klar oder muss klar sein, dass in einem Gerichtsverfahren erst die Wahrheit ermittelt werden soll und nicht bereits feststeht.

Für Berichte aus einem Parlament gilt in Bezug auf den Wahrheitsbeweis das Gleiche wie für Gerichtsberichte: Alles, was dort öffentlich gesagt worden ist, darf ohne Überprüfung des Inhaltes berichtet werden.

Namensnennung/Erkennbarkeit

In einem Gerichtsbericht dürfen Namen des Angeklagten, des Opfers und der Zeugen nur dann genannt werden, wenn es im öffentlichen Interesse steht.

Der Name der Angeklagten darf genannt werden, wenn er ohnehin bereits eine absolute Person der Zeitgeschichte ist oder – der klassische Fall – wenn er durch den Prozess zu einer relativen Person der Zeitgeschichte wird. Das wird er, wenn die Tat besondere Bedeutung für die Öffentlichkeit hat, also über eine übliche Straftat weit hinausgeht (siehe oben Kapitel 1.1). Spektakulär muss aber die Tat gewesen sein, nicht die Verhandlung! Bei mehreren Angeklagten muss für jeden Angeklagten gesondert geprüft werden, ob sein Name genannt werden darf.

Das alles gilt auch schon bei der Berichterstattung über das Ermittlungsverfahren, wenn der Betroffene der Tat *dringend* verdächtig ist. Das ist der Fall, wenn ein Haftbefehl erlassen wurde (s. Kapitel 1.1.4).

Zeugen werden in der Regel auch bei spektakulären Taten nicht durch die Tat zu relativen Personen der Zeitgeschichte – es sei denn, sie sind z.B. als *Opfer* Mittelpunkt einer spektakulären Entführung, Geiselnahme oder ähnlichem.

Vielfach wird argumentiert, die Verhandlung sei ja schließlich öffentlich, und jeder Zuschauer erfahre ohnehin den Namen des Angeklagten und der Zeugen. Das ist zwar richtig, trifft aber nicht den entscheidenden Punkt: Der Angeklagte setzt sich nicht freiwillig der öffentlichen Verhandlung aus, er nennt nicht von sich aus seinen Namen, sondern muss es tun; er erzählt nicht für die Zuschauer von seiner Tat und seinen Motiven, sondern weil er auf eine möglichst milde Strafe hofft.

Auch Zeugen sagen nicht freiwillig in der öffentlichen Verhandlung aus; sie sind dazu verpflichtet.

Der Begriff »Namensnennung« steht allerdings nur stellvertretend für jede Form der Erkennbarkeit (s. Kapitel 4.1). Um Personen nicht erkennbar zu machen, reicht es meist aus, ihre Nachnamen abzukürzen. Wenn aber andere Details, wie Tatort, Beruf oder Wohnort oder gar das Foto, den Betroffenen auch ohne Namensnennung erkennbar machen, muss so weit abstrahiert werden, bis die Person nicht mehr erkennbar ist. Denn in den meisten Fällen sind es nicht die Personen, sondern die Ereignisse, die für die Öffentlichkeit interessant sind. Dies gilt vor allem bei Fällen von Vergewaltigung und sexuellem Missbrauch; hier kann der Gerichtsbericht dem Opfer auf Dauer mehr schaden als der Prozess oder gar die Tat selbst.

Besondere Zurückhaltung ist bei Berichten über jugendliche Angeklagte zu üben. Hier darf nur bei besonders spektakulären Fällen der Name genannt werden. Die wird es nur ganz selten geben.

Namen der Richter, des Staatsanwaltes und Verteidigers zu nennen, ist grundsätzlich erlaubt; sie sind beruflich in einer öffentlichen Verhandlung. Fotos sind allerdings nicht erlaubt, es sei denn, Richter, Staatsanwalt oder Verteidiger werden durch den Prozess zu relativen Personen der Zeitgeschichte.

1.6   *Tipps und Ratschläge*

Weil sie eine Zeitung oder Zeitschrift als vertrauenswürdige Institution ansehen, die mit umfangreichem Wissen ausgestattet ist, erwarten viele Leser von »ihrem Blatt« auch Antworten auf Alltagsprobleme. Redaktionen greifen diesen Gedanken wegen der Verstärkung der Leser-Blatt-Bindung gern auf und richten entsprechende Beratungsseiten ein.

Ganz gleich, ob auf diesen Seiten abstrakte Tipps gegeben oder konkrete Leserzuschriften behandelt werden: Der Leser, der sich nach dem Tipp richtet, darf dadurch keinen Schaden erleiden. Hat die Redaktion bei dem Tipp nach journalistischen Maßstäben geschlampt, also leichtfertig eine Fehlinformation oder falsche Anweisung gegeben, so muss sie bzw. der Verfasser oder Informant grundsätzlich für den Schaden geradestehen.

Wenn also zum Beispiel ein Tipp zeigt, wie man Marmelade einkocht, so darf nicht aufgrund der beschriebenen Methode zwangsläufig das Glas platzen und den Hausmann dabei verletzen. Die Beschreibung, wie eine Deckenlampe angebracht wird, darf nicht dazu führen, dass es die letzte Tat des Heimwerkers war, weil ein elektrischer Schlag ihn von der Leiter direkt ins Jenseits beförderte.

Besondere Vorsicht müssen daher vor allem Special-interest-Zeitschriften an den Tag legen, die besonders viele Tipps abdrucken oder sogar überwiegend aus Ratschlägen wie z.B. Bauanleitungen bestehen.

Eine Strickzeitschrift muss die abgedruckten Strickanleitungen zuvor prüfen lassen, etwa durch Probestrickerinnen, und Kochzeitschriften müssen ihre Rezepte selbst ausprobieren.

Allerdings: Ist der Fehler für den Leser klar erkennbar, so trägt er ein erhebliches Mitverschulden, wenn er sich völlig unkritisch an die Anleitung hält. Wenn in einem Rezept durch ein Versehen ein Komma vergessen wurde, so dass statt 2,5 Stunden Backzeit 25 Stunden Backzeit angegeben sind, oder wenn statt 300 Gramm Zucker 3000 Gramm Zucker eingerührt werden sollen, so besteht kein Schadenersatzanspruch.

Selbst wenn durch falsche Anleitungen keine Schäden entstehen, so ist es doch äußerst peinlich, wenn deswegen etwas schief geht, denn das kostet Leser. Daher sollten Tipps möglichst auch für begriffsstutzige Tollpatsche verständlich sein.

Sonderproblem Rechtsberatung

Rechtsberatung darf nach dem Rechtsberatungsgesetz grundsätzlich nur von Anwälten durchgeführt werden. Die meisten Anwaltskammern und immer mehr Anwälte wachen sehr genau darüber, dass keine Berufsfremden in ihr Handwerk pfuschen.

Verboten ist Rechtsberatung im Sinne des Rechtsberatungsgesetzes aber nur bei einer *konkreten* Beratung; bei Hilfe im Einzelfall. Erlaubt ist es der Presse daher, *allgemeine* Rechtstipps zu geben.

Als allgemein gilt nach der Rechtsprechung auch, wenn eine Redaktion aus einer Vielzahl immer wiederkehrender, typischer Leserfragen eine Zuschrift aufgreift und einen Tipp über dieses allgemein interessierende Thema in Form einer Leserbriefantwort abdruckt. Erlaubt ist auch, typische Fälle zum Ausgangspunkt der allgemeinen Tipps zu machen, um den Leser oder Zuschauer die für ihn meist schwer verständlichen Probleme anschaulich und lebensnah darzustellen. Entscheidend ist das deutlich erkennbare Bestreben der Redaktion, ihre Leser über typische Probleme zu informieren und auf allgemein interessierende Fragen zu antworten. Verboten ist es, in Ratgebersendungen einen Fall aufzugreifen und den Betroffenen bei der Lösung ihrer Rechtsprobleme konkret zu helfen. Die Redaktion darf zum Beispiel nicht für die Betroffenen Forderungen eintreiben oder deren Gewährleistungsansprüche durchsetzen. Dann »besorgt sie fremde Rechtsgeschäfte«. Redaktionen dürfen nicht mit Hilfe der Medienöffentlichkeit, etwa mit einem mit Fernsehkamera bewaffneten »Mahnmann«, Druck auf Verkäufer oder Schuldner ausüben. Das kann den vermeintlichen Schuldner oder Ersatzpflichtigen dazu bewegen, dem Druck nachzugeben, obwohl juristisch womöglich gar keine Pflicht dazu besteht.

Allerdings muss eine solche Sendung auch geeignet sein, den Wettbewerb der Rechtsanwälte zu beeinträchtigen, insbesondere des Rechtsanwaltes, der gegen die Sendung klagt. Er muss darlegen, dass ihm wegen der Sendung Mandate entgehen.

Sind Rechtstipps erlaubt, müssen sie richtig sein. Daher sollten sie von einem Juristen oder juristisch einschlägig Vorgebildeten verfasst, mindestens aber überprüft werden.

1.7 Berichte über Produkte und Dienstleistungen

Wer über Produkte und Dienstleistungen berichtet, kann nicht nur mit dem Presserecht in Konflikt geraten, wenn er falsch berichtet, sondern auch mit dem Wettbewerbsrecht.

Oft ahnt man es nicht, dass ein Bericht mit den Regeln des Wettbewerbrechts kollidiert. Denn das spielt nicht nur bei klassischen Produktberichten über Autos, Kosmetik, Mode usw. (siehe unten Kapitel 1.7.2) ein Rolle. Auch Dienstleistungen, also auch die Bewirtung in einem Restaurant, die Anwalts- oder Arzttätigkeit, Reiseveranstaltungen, Versicherungen usw. fallen unter das Wettbwerbsrecht. Bei Notaren, Anwälten, Ärzten und Steuerberatern ist besondere Vorsicht geboten, weil sie nicht oder nur eingeschränkt für sich werben oder werben lassen dürfen. Jede redaktionelle Empfehlung kann daher bereits ohne weiteres wettbewerbswidrig sein.

1.7.1 Ranglisten: »Die Besten«

Zur Einführung in die Probleme des Wettbewerbsrechts eignen sich vor allem die Ranglisten und hier ein Beispiel, das die Zeitschrift FOCUS geliefert hat.

FOCUS hatte in seiner Serie »Die 500 besten Anwälte« 500 Anwälte namentlich genannt, die nach Meinung von Focus die besten sind. FOCUS hatte dazu bundesweit 1600 Anwälte (Es gibt übrigens rund 100.000) angeschrieben, die dann selbst Angaben über sich machen konnten.

Das Oberlandesgericht München (Az. 29 U 1939/95) hat darin einen Verstoß gegen Wettbewerbsrecht gesehen, weil

FOCUS damit zum einen den Wettbewerb der genannten Anwälte (die ja nur sehr eingeschränkt für sich werben dürfen) rechtswidrig fördere und zum anderen die eigene Auflage rechtswidrig ankurbele.

Das Gericht führte sinngemäß aus, es sei natürlich klar, dass jeder Presseartikel auch dazu diene, Auflage zu machen. Aber das Thema »Die 500 besten Anwälte« sei offensichtlich erheblich auflagensteigernd, wobei FOCUS sich aber keine Mühe gemacht habe, objektive Auswahlkriterien zu treffen, sondern die angeschriebenen Anwälte überwiegend nach deren eigenen Angaben in die Bestenliste aufgenommen hätte. Aber auch das Kriterium »Reputation unter Kollegen« sei nicht objektiv, da eine Empfehlung aus unterschiedlichen, nicht allein aus Gründen der Kompetenz erfolgen könne.

Das Gericht wörtlich:

> *»Da, wie aufgezeigt, die von den Beklagten herangezogenen Kriterien nicht geeignet sind, die besten Anwälte zu ermitteln, kann nicht davon ausgegangen werden, dass es der Beklagten (FOCUS/Burda-Verlag, Anm. des Autors) vorrangig darum zu tun war, ihren Lesern die tatsächlich besten Anwälte zu benennen. Es ist vielmehr davon auszugehen, dass die Beklagte durch ihre Artikelserie das große Interesse der Leserschaft an dem behandelten Thema in erster Linie zur Förderung des eigenen Wettbewerbs nutzen wollte.«*

Deutlichere Worte fand Rechtsanwalt Professor Dr. Rüdiger Zuck in der Neuen Juristischen Wochenschrift (Mai 1994, Seite 297):

51

> *»Es ist weder sorgfältig geplant noch sorgfältig recherchiert, noch sorgfältig gearbeitet worden. Das Ganze ist zunächst eine journalistische Blamage.«*

Dazu trage auch bei, dass Anwälte genannt worden seien, die keine waren und in Fachkreisen anerkannte Strafrechtler als Steuerrechtler angegeben wurden.

Bereits ein Jahr zuvor war das Oberlandesgericht München wegen der Artikelserie »Die 500 besten Ärzte Deutschlands« böse mit FOCUS ins Gericht gegangen – schon damals wegen Verstoßes gegen Wettbewerbsrecht mit fast den gleichen Argumenten: gezielte Auflagensteigerung mit einem begehrten, aber schlecht recherchierten Thema.

Zur journalistischen Sorgfalt äußerte sich das Gericht im Ärzte-Urteil (Az. 29 U 6965/93) so:

> *»Der Senat geht davon aus, dass die Mehrzahl der Leser des Berichts erkennen wird, dass die ausgesprochenen Empfehlungen nicht auf zuverlässigen Kriterien beruhen. Es verbleibt aber ein schutzwürdiger Teil der Leserschaft, der der Qualitätsauswahl des Magazins glaubt, zumal sich der Artikel nur auf wissenschaftliche Erkenntnisse beruft und das Magazin F. den Anspruch erhebt, seriösen Journalismus zu bieten.«*

Kurzum: Wer journalistisch pfuscht, der kriegt auch juristische Probleme. Sorgfalt, und zwar die bestmögliche, sollte also stets Grundlage allen Schaffens sein.

Der Bundesgerichtshof hat die »Ärzte- und Anwälte«-Entscheidungen des Oberlandesgerichts München bestätigt.

(Az. I ZR 196/94 und I ZR 154/95): Die Focus-Artikel täuschten über ein objektives Auswahlverfahren und seien getarnte Werbung.

Auch das Magazin IMPULSE hatte Ärger wegen einer Bestenliste. In seiner Dezember-Ausgabe 1994 druckte es einen Beitrag über »Die 100 mutigsten Steuerberater«. Das Oberlandesgericht Hamburg hielt das für wettbewerbswidrig, weil der Beitrag fremden Wettbewerb fördere.

1.7.2 *Produktberichte*

Meist gerät eine Redaktion aber bei Berichten über handfeste Produkte wie Autos, Kosmetik, Elektrogeräte oder Nahrungsmittel in Konflikt mit dem Wettbewerbsrecht. Wer über solche Produkte schreibt, begibt sich in doppelter Weise aufs Glatteis.

Er kann wegen unlauteren Wettbewerbs Ärger bekommen:

❑ zum einen mit anderen Verlagen, die ein Konkurrenzblatt verlegen und ihre Marktchancen verringert sehen, weil sich die betreffende Zeitschrift durch Schleichwerbung einen Vorteil auf dem Anzeigenmarkt verschafft

❑ zum anderen mit den Produzenten wegen schlechter Berichterstattung oder mit ihren Konkurrenten wegen zu guter Berichterstattung

Wer über Produkte schreibt, muss sich dabei neutral, objektiv, sachlich und sachkundig verhalten. Er muss um die Richtigkeit seiner Darstellung bemüht sein. Auch hier gilt es, sorgfältig zu arbeiten. Ein Journalist darf sich nicht zum Reklameheini für den Hersteller eines Produkts machen, sich nicht vor den Karren spannen lassen oder sich selbst davorspannen.

Er ist kritischer Beobachter im Auftrag des Lesers und potentiellen Käufers des Produkts. Das muss für den Leser

BUNTE SPECIAL

US-Star Andie Mac-
Dowell, 40, benutzt
wie 54 % aller Frauen
über 35 flüssiges
Make-up. Ihr Favorit:
„Visible Lift" mit Micro-
Puderpartikeln. Von
L'Oréal Perfection

Wie man sich voll entfaltet

lle guten Visagisten ken
nen die goldene Regel de
Make-up: *„Eine Nuanc
heller macht zehn Jahr
jünger."* Dennoch: Nicht gleic
im Forever-Young-Wahn de
bleichsten Farbton ordern un
zur Geisha mutieren. Greifer
Sie zur neuen Generation de

Hier ist die Grenze zur Schleichwerbung überschritten: Die Redaktion stellt das Lieblings-Make-Up der Schauspielerin Andie MacDowell vor. MacDowell wirbt auch in Fernsehspots und Anzeigen für L'Oreal.

auch klar erkennbar sein. Der Artikel darf nicht auf den unbefangenen Leser wie ein Bericht oder eine Annonce der Herstellerfirma wirken. Es darf nicht sein, dass eine Redaktionsseite Produkte ebenso präsentiert wie eine Anzeigenseite – oder gar besser: Ein Produkt darf weder in den Himmel gelobt, noch übergroß und plakativ, als Blickfang, abgebildet werden. Der Bericht darf kein Kaufappell sein.

Je mehr sich eine Zeitschrift mit Produktinformationen befaßt, um so dichter darf sie an die Grenze zur Werbung herankommen, sie darf sie aber nicht überschreiten. Die Werbewirkung darf nur unvermeidbarer Nebeneffekt sein. Eine Autozeitschrift, eine Wohnzeitschrift oder eine Frauenzeitschrift (Kosmetik, Mode) muß aus dem Leserinteresse heraus mehr über Produkte schreiben und kann sich mehr Werbewirkung ihrer Artikel erlauben als der STERN oder der SPIEGEL. Die Grenze von Produktberichterstattung und Schleichwerbung ist also abstrakt gesehen verschwommen. Im konkreten Fall ist die Schleichwerbung aber meist für jeden vernünftigen, kritischen Menschen klar erkennbar.

Ziffer 7 Pressekodex:

Die Verantwortung der Presse gegenüber der Öffentlichkeit gebietet, dass redaktionelle Veröffentlichungen nicht durch private oder geschäftliche Interessen Dritter beeinflusst werden. Verleger und Redaktionen wehren derartige Versuche ab und achten auf eine klare Trennung zwischen redaktionellem Teil und Veröffentlichung zu werblichen Zwecken. Werbetexte, Werbefotos und Werbezeichnungen sind als solche kenntlich zu machen.

1.7.3   Produkte bewerten/Warentests

Die schärfste Form der Produktberichterstattung ist die Bewertung von Produkten, z.B. in Form eines Warentests. über die Qualität eines Produktes darf stets nur mit kritischer Distanz berichtet werden.

Solange über nur ein Produkt berichtet wird, etwa über ein neues Auto, darf der Wagen selbstverständlich gelobt werden, aber dieses Lob muss begründet werden, und zwar anhand objektiver Kriterien. Etwa: Die Bremsen sind hervorragend (bei Tempo 100 ein Bremsweg von 20 Metern), gute Schallisolierung, Innenraumgeräusch nur 20 Dezibel, viel Platz, Kofferraum fasst 700 Liter usw. Ein eigenes Urteil des Autors ist zulässig, wenn es sich auf die Summe der objektiven Kriterien beruft, z.B.: »Alles in allem ein technisch durchdachter und gelungener Wagen, den man daher empfehlen kann.«

Das Urteil des Autors muss nicht objektiv – sozusagen nach den besten Erkenntnissen der Wissenschaft oder eines vereidigten Sachverständigen – völlig richtig sein. Aber es muss das ehrliche Bemühen um Richtigkeit erkennen lassen.

Die Rechtsprechung siedelt die Produktbewertung eher im Bereich der Meinungsäußerung an als im Bereich der Tatsachenbehauptung. Allerdings zählen die dargestellten Fakten, wie etwa Motorleistung, Spritverbrauch, Länge, Höhe, Breite usw. zu den Tatsachen und müssen selbstverständlich richtig sein. Als Meinungsäußerung gilt nur die Bewertung und die dafür angelegten Kriterien. Diese Kriterien müssen dem Leser mitgeteilt werden, damit er verstehen kann, wie die Redaktion zu ihrem Ergebnis gelangt ist.

Ein Autotester könnte also zum Beispiel schreiben: »Der neue VW xyz ist mit seinen 4,80 Metern zu lang für einen City-Flitzer, der er gern sein möchte. Es ist schwer, damit in der Stadt in jede Parklücke zu kommen.« Hier hat der Autor den Wagen als zu lang eingestuft, also abgewertet, aber die Länge genannt und den Grund, warum er die Länge schlecht findet.« Nur zu sagen: »Der neue VW xyx ist zu lang und daher nicht zu gebrauchen« wäre ein Verstoß gegen das Bemühen um Sachlichkeit und Objektivität.

Ob z.B. die hohe Motorleistung eines Autos bei einem Test für oder gegen das Auto spricht, ist allein Sache des Autors. Er muss eben nur verdeutlichen, warum er eine hohe Motorleistung für schlecht oder für gut hält. Ebenso kann er bei einem Cremetest feststellen, dass die eckige Dosenform unpraktisch ist, weil Cremereste in den Ecken verbleiben.

Das alles wird noch schwieriger, wenn mehrere Produkte nebeneinander bewertet und miteinander verglichen werden. In einem solchen vergleichenden Warentest spielt schon als Erstes die Auswahl der Produkte eine wichtige Rolle.

Zunächst einmal müssen die Produkte überhaupt miteinander vergleichbar sein. Einen einfachen VW Polo mit einem Mercedes 560 SEL zu vergleichen verbietet sich grundsätzlich ebenso, wie einen Einwegfotoapparat neben eine Leica zu stellen. (Aber das nähme ja wohl auch niemand ernst.) Es müssen gleichartige Produkte einer Warengattung miteinander verglichen werden.

Dabei müssen zwar nicht alle Produkte aus dem Marktsegment, alle Waren einer Gattung in die Testreihe aufgenommen werden, also nicht alle Mittelklassewagen, nicht alle Kassettenrecorder unter 500 Mark oder Hautcremes bis 50 Mark, aber es muss sich um einen repräsentativen Querschnitt handeln.

Auch die Auswahl darf nicht ganz willkürlich sein: Man kann nicht einfache Cremes testen und Nivea völlig grundlos außer Acht lassen, nicht eine breite Palette von Mittelklassewagen Probe fahren und den Golf ohne sachlichen Grund dabei vergessen.

Soweit für jedes einzelne Produkt ohne Vergleich zum anderen eine Bewertung aufgestellt wird, so gilt das bereits Gesagte. Kommt aber noch eine vergleichende Bewertung hinzu, muss auch diese sachlich und für den Leser verständlich sein.

Dass die Instrumente im Golf übersichtlicher und daher besser sind als im ZZ, sollte man mindestens mit einem Halbsatz begründen. Etwa: » ... , weil die analoge Anzeige im Golf auf den ersten Blick zu erfassen ist und außerdem das Lenkrad nicht im Blickfeld liegt. Beim ZZ hingegen ist die Vielzahl der digitalen Anzeigen im Vergleich dazu verwirrend, außerdem werden sie wegen ihrer ungünstigen Höhe für kleinere Fahrer vom Lenkrad verdeckt.«

Wenn Produkte nebeneinander gestellt werden, muss auch schon allein bei der optischen Darstellung Neutralität gewahrt werden. Es verbietet sich, – ohne sachlichen Grund – ein Produkt mehr herauszustellen als das andere. Natürlich darf der Testsieger etwas größer abgebildet werden, aber auch nicht so, als sei es eine Anzeige des Herstellers. Wer keinen Ärger bekommen will, sollte alle Produkte gleich groß zeigen.

Preisvergleich

Wer Preise bei verschiedenen Läden vergleicht, testet damit das Angebot der Läden. Daher müssen Preisvergleiche ebenfalls sachlich und objektiv sein. Wer darüber berichtet, welche Produkte, wo was kosten, darf nur die Preise gleicher Produkte (dieselbe Marke, dieselbe Größe, dasselbe Gewicht usw.) nebeneinander stellen, also zum Beispiel:

Coca-Cola kostet bei Karstadt in der Ein-Liter-Plastik-Pfandflasche 2 DM, bei Kaufhof 1,95 Mark, bei Getränke-Meier 1,80 Mark, bei Kaisers 1,79 Mark.

Elmex-Zahnpasta kostet in der 75-ml-Tube bei Schlecker 3,99 Mark, bei KD 3,89, bei Plus 4,05 Mark und bei Minimal 3,95 Mark.

Ausnahmsweise dürfen auch die Preise von No-Name-Produkten oder Hausmarken der Ladenketten verglichen werden, wenn dem Leser klar ist oder klar gemacht wird, dass die Produkte in der Qualität unterschiedlich sein können.

Boykottaufruf

Ausnahmsweise kann es im Rahmen der Meinungsäußerung zulässig sein, zu einem Boykott bestimmter Produkte aufzurufen: Wenn der Aufruf dem Leser/Verbraucher mit der

Überzeugungskraft von Darlegungen, Erklärungen und Erwägungen die Möglichkeit gibt, sich frei gegen oder aber für
das Produkt zu entscheiden. Das hat das Oberlandesgericht
München im Fall der Veröffentlichung von »Positiv-Listen«
von Kosmetikfirmen, die Tierversuche durchführen, beschlossen (Az. 29 W 3470/98).

1.7.4 Produkte vorstellen/Marktberichte

Wer nur neue Produkte vorstellt, also einfach nur schreibt, was
es Neues auf dem Markt gibt, ohne in irgendeiner Form zu bewerten, der muss nicht so gut aufpassen wie beim Warentest.

Er muss aber darauf achten, dass er kein wichtiges neues
Produkt vergisst, das auf dem Markt stark nachgefragt ist
oder von einem marktstarken Unternehmen stammt. Er
würde seine Objektivität verletzen, wenn er etwa bei der
Vorstellung neuer Cremes die neueste von Beiersdorf willkürlich außer Acht lassen würde.

Auch hier gilt: Bei der Art und Weise der Darstellung muss
man sich an objektive Kriterien halten. Alle Produkte müssen im etwa gleichen Umfang beschrieben und dargestellt
werden. Es sei denn, es gibt sachliche Gründe, ein oder
mehrere Produkte zu bevorzugen, etwa Marktrenner, bestverkauftes, Designerpreis usw.

Vor allem bei der Optik, der Bebilderung, ist Vorsicht angebracht. Keinesfalls darf bei einem Bericht über Cremes die
Niveadose ohne jeglichen Grund übermäßig groß abgebildet
werden.

Die Zeitschrift GALA hatte im Jahre 1994 über Chanel Nummer 5 als Legende der Duftwässer berichtet. Das allein ist schon sehr gefährlich, weil Schleichwerbung fast vorprogrammiert ist. Allerdings kann sie mit einem distanzierten, kritischen Bericht vermieden werden. Lobhudelei ist verboten. GALA hatte in dem mehrseitigen Bericht die Chanelflasche auf jeder Seite als Seitenkennung abgebildet. GALA bekam mit der Konkurrenz bösen Ärger wegen Schleichwerbung.

Achtung: Auch wer Produkte nur vorstellt, muss dazu einen journalistischen Anlass haben. Jeder Bericht über ein Produkt oder ein Unternehmen muss von einem objektiven, sachlichen Informationsinteresse getragen sein, sonst ist es Schleichwerbung.

Anlass darf z.B. der 100ste »Geburtstag« eines bekannten Produkts oder des Unternehmens sein oder der Tod des Firmengründers. Kein journalistischer Anlass ist, dass ein bestimmtes Produkt gern von einem Prominenten benutzt wird, schon gar nicht, wenn derselbe Prominente in Anzeigen für das Produkt wirbt. Aber auch wenn ein Anlass besteht, muss der Beitrag sachlich und objektiv sein.

Preisentwicklung

Tageszeitungen geraten oft in die Gefahr, Schleichwerbung zu betreiben, wenn sie über die Preisentwicklung etwa von Lebensmitteln berichten. Solche Marktberichte dürfen einzelne Produkte nicht hervorgehoben nennen, sondern allenfalls als Beispiele unter mehreren anderen Beispielen der selben Warengruppe. Man darf z.B. schreiben: »Der Preis für Schokolade ist um durchschnittlich 10 Prozent gesunken, Milka-Schokolade kostet z.B. in den meisten Läden 10 Pfennig weniger, Sarotti 8 Pfennig, Lindt 12 Pfennig, Kinder-Schokolade 9 Pfennig, Ritter-Sport 13 Pfennig«. Hier sind die bekanntesten Marken genannt und die Redaktion muss sich nicht den Vorwurf gefallen lassen, werbewirksam eine Marke bevorzugt zu haben. Das muss sich aber die Berliner B.Z. bei diesem »Marktbericht« auf der Titelseite:

1.7.5 *Restaurantkritik/Dienstleistungen*

Wie schon oben (Kapitel 1.7) erwähnt, auch Dienstleistungen sind Produkte im Sinne des Presserechts und Wettbewerbsrechts. Die juristischen Grundsätze, die für die Berichterstattung über Dinge wie Autos, Fernseher und

Cremes bestehen, gelten vom Prinzip her auch für Dienstleistungen. Wer Versicherungen oder Reiseangebote testet, muss sachlich, objektiv und ausgewogen berichten, darf aber seine subjektive Meinung zu den dargestellten Fakten äußern.

Ganz böse Schadenersatzforderungen (s. Kapitel 4.5) können auf den zukommen, der gastronomische Leistungen beurteilt. Hier ist äußerste Vorsicht geboten. Ein Urteil darf nur abgegeben werden, wenn es auf breiter Basis steht, wenn sozusagen um beim Warentest zu bleiben – genügend Testkriterien vorhanden sind. Ein einzelner Eindruck genügt in der Regel nicht, um ein Restaurant insgesamt zu bewerten.

Man kann z.B. nicht nur einen Besuch in einem Lokal machen, dort nur einen Kaffee trinken und dann das Lokal insgesamt mit all seinen Leistungen schlecht darstellen. Die Wahrheit und auch seinen Eindruck über den einzelnen Besuch und das einzelne Essen dort darf man selbstverständlich schreiben, aber ohne daraus verallgemeinernd einen Schluss für die weitere Bewertung des ganzen Lokals zu ziehen (s. auch Kapitel 2: Wie darf berichtet werden?).

Die Meinung über eine Dienstleistung kann unter Umständen sehr weit gehen: Herbe Kritik an seiner Dienstleistung musste sich z.B. ein Arzt gefallen lassen, der öffentlich auf die mittelalterliche Heilkunst der Hildegard von Bingen und deren göttlichen Ursprung setzte. Das hat das Oberlandesgericht Karlsruhe 1995 entschieden. In dem Buch »Die andere Medizin« hatte die Stiftung Warentest auf mögliche gesundheitliche Risiken hingewiesen, die entstehen können, wenn man – wie der Arzt empfohlen hatte – auf jede medizinische Diagnose verzichtet oder als Diabetiker sein Hungergefühl auf einen Diamanten lenkt.

Auch eine Geistheilerin mit zweifelhaften Methoden, bei der u.a. jede Behandlung genau 30 Minuten dauert, musste sich die Kritik eines Fernsehmagazins gefallen lassen, sie betreibe »absurde Scharlatanerie« (s. dazu auch oben 1.2 unter Satire).

1.7.6 *Preisrätsel*

Auch Preisrätsel, meist sind es Kreuzworträtsel, können zu Konflikten mit dem Wettbewerbsrecht führen. Sie können Schleichwerbung sein, wenn es bei dem Rätsel ganz bestimmte Produkte eines bestimmten Herstellers zu gewinnen gibt.

Dann nämlich könnte der Leser vermuten, dass die Redaktion die konkreten Produkte deshalb als Preise ausgewählt hat, weil sie besonders gut sind. In Wirklichkeit wurden sie aber vom Hersteller gestiftet. Das muss dann auch ganz klar und deutlich zum Ausdruck kommen, z.B. mit folgendem Hinweis: »Der Rasenmäher wurde von der Firma xyz als Preis gestiftet.« Oder: »Der Tennisschläger wurde uns freundlicherweise von der Firma als Preis kostenlos zur Verfügung gestellt.« Dann kann der Leser erkennen, dass die Auswahl der Preise nicht zwingend für deren hervorragende Qualität steht.

1.8 Pressefehde

Es schickt sich eigentlich für Journalisten nicht, manchmal ist es aber doch nötig und angebracht: kritisch über andere Zeitungen, Zeitschriften oder Sender zu berichten.

Vorsicht: Andere Zeitungen, Zeitschriften oder Sender sind Konkurrenzunternehmen und daher nach dem Wettbewerbsrecht »Mitbewerber«. Das heißt: Wenn Sie schlecht über einen Konkurrenten berichten, können Sie mit dem Wettbewerbsrecht in Konflikt geraten. Hier gilt genau wie bei Produktberichten: sachlich, objektiv und bei der Wahrheit bleiben.

Natürlich darf eine Zeitung darüber berichten, dass das SZ-Magazin erfundene Interviews abgedruckt hat, und ein Fernsehsender, dass ein anderer gefälschte Filme gesendet hat. Die bloße Nachricht ist erlaubt – wenn sie richtig ist. Ist sie aber falsch, ist der Bericht nicht nur presserechtlich unterm Strich, sondern auch ein Wettbewerbsverstoß, der unter Umständen sehr teuer werden kann.

Besondere Vorsicht ist geboten, wenn das Verhalten von Konkurrenzblättern oder -Sendern bewertet wird. Hier gilt der oben genannte Grundsatz für die Abgrenzung von erlaubter Meinung und Schmähkritik: Empfindet ein vernünftiger Durchschnittsleser/-zuschauer die Kritik an der Konkurrenz als sachlichen, wenn auch mit drastischen Worten verfassten Bericht über das soziale Phänomen, als Beitrag zur Meinungsbildung über die Presse oder empfindet er ihn als bloße Abqualifizierung oder Diffamierung des anderen Blattes oder Senders.

Der Bundesgerichtshof hat folgende Maßstäbe festgelegt:

> *Befasst sich ein Presseorgan kritisch mit einem Konkur-*
> *renzblatt, so kann – mit Rücksicht auf die Aufgabe der*
> *Presse, zu öffentlichen Meinungsbildung beizutragen und*
> *über Vorgänge von allgemeiner Bedeutung zu unterrich-*
> *ten – eine Wettbewerbsabsicht nicht schon deshalb ver-*
> *mutet werden, weil die Beteiligten Wettbewerber sind und*
> *die geäußerte Kritik objektiv geeignet ist, den eigenen*
> *Wettbewerb zu fördern.*
>
> *Eine Pressekritik, durch die ein Konkurrenzblatt pauschal*
> *und ohne erkennbaren sachlichen Bezug auf die Kritik*
> *maßgebenden Gründe abgewertet wird, ist wettbewerbs-*
> *widrig ...*

Nach diesen Maßstäben ließ das Landgericht München Kri-
tik des SPIEGELs an FOCUS zu. Cordt Schnibben hatte in
Heft 1/95 des Spiegel special unter der Überschrift
»McJournalismus« unter anderem geschrieben:

> *FOCUS als System ist die Pest ...*
> *McJournalismus wurde von Leuten geschaffen, die nichts*
> *zu sagen haben ...*

Dagegen klagte FOCUS: Das Landgericht sah darin jedoch
kein wettbewerbswidriges Handeln, weil die Absicht dazu
fehle. Der Beitrag sei zwar geeignet, den Wettbewerb zu be-
einflussen, doch gehe es hier nicht um Herabsetzung von
FOCUS, sondern um einen Beitrag zur Meinungsbildung
über eine neue Art von Nachrichtenmagazinen; die Pressefreiheit überwiege somit den Schutz des Konkurrenten
66 (Az. 7 O 1099/95):

Denn Aufgabe der Pressefreiheit ist es, die Äußerung von Meinungen zu fördern, nicht sie zu beschränken.

Nicht mehr von der Pressefreiheit gedeckt war die Kritik eines Geschäftsführers von PRO 7 an RTL in einem Interview in TEXT-INTERN Nr. 37/1994. Über eine Werbekampagne von RTL mit Hilfe eines Artikels in PLAYBOY sagte der Interviewte:

Jeder weiß, dass RTL eine Vorliebe für nacktes Fleisch hat. Da ist es nicht ohne Pikanterie, dass sie sich für ihre Kampagne eines Mediums bedienen, dass diese Vorliebe mit ihnen teilt und bei dem der Schwerpunkt der Berichterstattung unterhalb der Gürtellinie liegt. Einfacher ausgedrückt: Die Geschäftsführung eines Schmuddelsenders bedient sich für ihre Schmuddelkampagne eines Schmuddelblattes.

Das war dem Oberlandesgericht dann doch zu schmuddelig und es sah eine Wettbewerbsabsicht gegeben (Az. 3 U 210/95).

1.9   *Welche Fotos darf ich wie drucken?*

1.9.1   *Redaktionelle Fotos*

Jeder genießt das in § 22 Kunsturhebergesetz verbriefte Recht am eigenen Bild. Dieses Recht ist eine besondere Form des allgemeinen Persönlichkeitsrechts. Was oben in Kapitel 1.1 über verbotene Berichterstattung gesagt wurde, gilt vom Prinzip her auch für die Berichterstattung mit Fotos. Der Abdruck eines Fotos bzw. das Senden von Bildern ist aber eine besondere Form der Berichterstattung, die das Persönlichkeitsrecht stärker beeinträchtigt als die Textberichterstattung. Ein Foto hält den Abgebildeten in einem Moment fest, in dem ihn vielleicht nur wenige sehen, und gibt dem Fotografen die Möglichkeit, diese Momentaufnahme Hunderttausenden von Lesern zu zeigen.

Das Bundesverfassungsgericht hat das so ausgedrückt:

> *»Das Schutzbedürfnis ergibt sich ... vor allem aus der Möglichkeit, das Erscheinungsbild eines Menschen in einer bestimmten Situation von diesem abzulösen, datenmäßig zu fixieren und jederzeit vor einem unüberschaubaren Personenkreis zu reproduzieren...«*

Also noch einmal kurz: Bilder aus der Intimsphäre dürfen ohne Einverständnis niemals, Bilder aus der Privatsphäre nur ganz ausnahmsweise – bei Prominenten – veröffentlicht werden. Privatsphäre kann auch gegeben sein, wenn sich jemand an einem öffentlichen Platz, z.B. in einem Lokal oder Schwimmbad, in eine ungestörte, abgeschiedene Ecke zurückzieht (s. dazu ausführlich oben 1.1.1). Dort dürfen Paparazzi auch eine Person der Zeitgeschichte nicht fotografieren. Ein Indiz für ein verbotenes Foto kann sein, das eine Aufnahme von einer erkennbar sehr privaten Situation mit einem sehr starken Tele-Objektiv gemacht worden ist: Die Fotografierten fühlten sich offenbar unbeobachtet.

Im Übrigen müssen sich Prominente auch Aufnahmen von eher privaten Situationen in der Öffentlichkeit, etwa beim Einkaufsbummel auf der Straße oder Rad fahren, gefallen lassen. Aufnahmen, die sie in der Öffentlichkeit zeigen, und

Aufnahmen, auf denen sie neutral, in keiner bestimmten Situation zu sehen sind (»Passfoto-Motiv«), müssen Prominente immer dulden. Zur Erinnerung: Angehörige und Begleiter sind nicht automatisch auch prominent, sondern Normalsterbliche.

Für Normalsterbliche aber gilt:

Grundsätzlich darf nur der Abgebildete entscheiden, was mit seinem Bild geschehen soll. Fotos von Personen dürfen daher grundsätzlich nur veröffentlicht werden, wenn der Fotografierte sein Einverständnis gegeben hat

❑ für den konkreten Abdruck
❑ in der konkreten Zeitschrift
❑ zum konkreten Zweck

Daher muß vor dem Abdruck geprüft werden, ob eine konkrete Abdruckerlaubnis vorliegt. In der Regel gibt der Fotografierte auch nur die Einwilligung für einen einmaligen Abdruck, nicht für einen mehrfachen. Liegt keine Abdruckerlaubnis vor, muss die Bildredaktion sie vor Abdruck einholen.

Wenn ein Foto fürs Titelblatt genommen wird, muß für den Abdruck dort ebenfalls eine konkrete Einwilligung vorliegen.

Achtung:

❑ Bei Minderjährigen muß auch der Erziehungsberechtigte einwilligen.

❑ Das Recht am eigenen Bild endet nicht mit dem Tod der Abgebildeten. Bis zehn Jahre nach dem Tod müssen die Angehörigen in den Abdruck einwilligen.

Das Oberlandesgericht Hamburg hatte einen Fall entschieden, in dem eine Studentin sich für einen Katalog fotografieren ließ und eines der Fotos später in einem Erotikmagazin wiederfand – unter der Überschrift »Frühling, da liegen heiße Quickies in der Luft«. Die Studentin hatte niemals darin eingewilligt, dass ihre Fotos auch in dieser Zeitschrift abgebildet werden durften.

Neben ihrem Foto stand der frei erfundene Text:

> *Melanie G. (22), Sachbearbeiterin aus Münster (Westfalen): Am Dienstag hatte ich plötzlich Frühlingsgefühle, war in totaler Hochstimmung und hatte mir schon morgens mein geblümtes Kleid angezogen. Schon im Büro malte ich mir aus, wie es sein müßte, Tommy im Wagen zu verführen? ... So liebte er mich einfach unterm Minikleid.*

Das Oberlandesgericht Hamburg hat der Studentin 5000 Mark Schadensersatz zugesprochen.

Das Oberlandesgericht Hamm hielt 20 000 Mark Schmerzensgeld für angemessen, weil ein Fotomodell private Nacktfotos auf dem Titelblatt einer Zeitschrift wiederfand – mit dem Text:

> *7 Tipps für den Mega-Orgasmus*

Ein Auszubildender des Fotostudios hat sich ein paar Mark dazu verdienen wollen und die Abzüge verkauft.

Dem Oberlandesgericht München lag ein Fall vor, in dem eine Illustrierte in einem Bericht über Liebesschulen in Amerika ein Foto druckte, das drei Personen in einer runden

Badewanne zeigte. Die Schlagzeile lautete: »Sex, die heimliche Weltmacht. Amerikanische Liebesschule, der heiße Tipp fürs Wochenende.« In der Bildunterschrift stand: »Mit einem munteren Flirt in der vorgeheizten Badewanne beginnt die Sextherapie der Lady Hamilton.«

Das Foto war jedoch ausschließlich für einen Katalog einer Badeeinrichtungsfirma gemacht worden. Die Zeitschrift durfte das Foto nicht drucken. Über Schmerzensgeld wurde nicht entschieden, die Klägerin hatte keines verlangt.

Verboten ist es auch, das Nacktfoto einer Prominenten, das sie ausschließlich zu einem ganz bestimmten künstlerischen Zweck einer konkreten Zeitschrift überlassen hat, später ohne anderen Zeitschrift abzudrucken. Das hat das Landgericht Hamburg 1995 im Falle der Sängerin Nena entschieden (Az: 3240 O 530/93).

Nena hatte das Foto der Zeitschrift MAX im Rahmen einer Bodypainting-Aktion überlassen. Das Foto stand im Zusammenhang mit der Berichterstattung über diese Kunstform. Nicht Nenas nackter Oberkörper, sondern Bodypainting war der Anlass des Berichtes.

SUPER-ILLU hatte Nenas Foto ohne Einwilligung auf ihrem Titelblatt gebracht mit der Überschrift:

> *Gucke und staune. Von Nena bis Anja Fichtel. Warum wir uns nackt fotografieren lassen. Hautnaher Bericht, natürlich <u>nur</u> in SUPER-ILLU«* (Unterstreichung vom Verfasser).

Das Gericht entschied auf 40 000 Mark Schadenersatz für Nena.

Auch die Berliner Boulevardzeitung BZ hatte Nacktfotos eines Prominenten, dessen Abdruck der Prominente nur der Zeitschrift EGO erlaubt hatte, nachgedruckt.

Das Oberlandesgericht Hamburg entschied:

> *Auch bei absoluten Personen der Zeitgeschichte ist nicht die Verbreitung jeden Fotos zulässig ...*
>
> *Die Veröffentlichung eines Fotos, das den Abgebildeten unbekleidet zeigt, ist danach unzulässig, wenn sie durch keinen Informationszweck gedeckt ist ..., weil die Veröffentlichung nur der Zurschaustellung dient.*

Dass jemand Bilder aus seiner Intim- oder Privatsphäre zwecks Veröffentlichung anfertigen lässt, bedeutet also nicht, dass die Bilder in jeder Zeitschrift abgedruckt oder in jedem Fernsehmagazin gesendet werden dürfen.

Für Prominente hat das Bundesverfassungsgericht diesen Grundsatz allerdings in seiner Entscheidung vom 15. Dezember 1999 ein wenig aufgeweicht: Wer Exclusiv-Verträge über die Berichterstattung aus seinem Privatleben abschließe, könne sich nicht gleichzeitig auf den Privatsphärenschutz berufen, wenn auch andere Medien über dieselben privaten Angelegenheit berichteten. (Az. 1 BvR 653/96)

Die fehlende Einwilligung zum Abdruck wird auch dann zum Problem, wenn Fotos veröffentlicht werden sollen, die von Privaten, etwa Familienangehörigen, gemacht wurden. Der Fotografierte hat zwar eingewilligt, dass er abgelichtet wird, nicht aber, dass sein Bild später in einer Zeitung veröffentlicht wird.

Liegt bei Pressefotos keine Einwilligung zum Abdruck vor, so lässt die Einwilligung ins Fotografiertwerden nur dann auch auf die Einwilligung zum Abdruck schließen, wenn der Fotografierte mindestens weiß, dass der Fotograf für die Presse arbeitet und für welche Art Zeitschrift die Fotos gemacht werden.

Hat der Fotografierte ein Fotohonorar bekommen und liegt die von ihm unterzeichnete Quittung vor, so reicht das meist aus, um später zu beweisen, dass er mit dem Abdruck einverstanden ist.

Es ist aber auch möglich, dass die Einwilligung nicht ausdrücklich erteilt wurde, sich aber aus den Umständen ergibt. Das Einverständnis in die Veröffentlichung ist etwa dann konkludent gegeben, wenn die Situation für den Betroffenen eindeutig war. Gibt jemand vor laufender Kamera bereitwillig ein Interview, kann er später nicht sagen, er habe nicht im Fernsehen erscheinen wollen. Fotografiert zum Beispiel ein Pressefotograf in einem relativ kleinen, übersichtlichen Raum und ist zuvor angekündigt worden, für welche Zeitschrift er Bilder macht, so kann ein dort Fotografierter nicht behaupten, er sei mit einer Veröffentlichung seiner Bilder nicht einverstanden gewesen, wenn der Fotograf allgemein und deutlich hörbar darum gebeten hat, wer nicht abgebildet werden wolle, möge das bitte mitteilen.

Zumindest kann eine solche Situation zu einem erheblichen Mitverschulden des Betroffenen an der Veröffentlichung seines Bildes führen, so dass er später zwar noch Unterlassung, nicht aber Schadenersatz oder gar Schmerzensgeld verlangen kann. So war es in dem Fall, der in der nachfolgend abgedruckten eidesstattlichen Versicherung beschrieben ist. Eine eidesstattliche Versicherung dient dazu, einen Sachverhalt vor Gericht in einem einstweiligen Verfügungsverfahren (vor dem eigentlichen späteren Hauptverfahren) glaubhaft zu machen.

Eidesstattliche Versicherung

Ich heiße Peter Meier, bin freier Fotograf und wohne in der Müllerstraße 156 in Hamburg.

Die Bedeutung einer eidesstattlichen Versicherung ist mir bekannt. Ich weiß, dass eine falsche eidesstattliche Versicherung strafbar ist. Zur Vorlage bei Gericht versichere ich Folgendes:

Am Freitag, dem 4. Februar 1999, fotografierte ich im Auftrag der Zeitschrift »Sonne« in der Kölner Diskothek »Lap« zum Thema Single-Partys. Der Geschäftsführer sowie die Mitarbeiter des »Lap«, die an jenem Abend dort arbeiteten, waren über meine Arbeit informiert.

Ich habe von etwa 22 Uhr abends bis etwa 3 Uhr des folgenden Morgens im »Lap« fotografiert. Bedingt durch Blitzlicht, Stativ und andere Ausrüstungsgegenstände, arbeitete ich überwiegend sehr auffällig, so dass wohl niemandem meine Arbeit verborgen geblieben ist.

Um die hier in Rede stehende Situation zu fotografieren, in der eine Kontaktanzeige am Computerschalter aufgegeben wird, baute ich mein Stativ hinter dem Computerschalter auf – und zwar unübersehbar für Umstehende, da es hinter dem Schalter sehr eng war. Ich war etwa eine halbe Stunde hinter dem Schalter beschäftigt und machte in dieser Zeit etwa 50 Fotos vom Computerschalter.

Ich kann mich an Frau Reinert nicht mehr konkret erinnern, da es mir für das Foto vom Computerschalter nicht auf die konkrete Person, sondern vielmehr auf die Situation des Anzeigenaufgebens ankam.

Ich frage grundsätzlich immer die Personen, die ich fotografiere, ob sie damit einverstanden sind, und sage ihnen auch, in welcher Zeitschrift die Fotos erscheinen sollen. So habe ich es auch an jenem Abend im »Lap« getan. Nach meinem Eindruck wussten die meisten der Besucher nach einiger Zeit, dass ich dort für die »Sonne« arbeitete.

Ausnahmsweise kann es sein, dass ich Personen dann nicht ausdrücklich frage, wenn diese ganz deutlich sehen, dass sie fotografiert werden und für mich klar ist, dass sie damit einverstanden sind, weil sie nach aller Lebenserfahrung sonst auf mich zukämen und mir das sagen würden.

So muss es auch bei Frau Reinert gewesen sein. Da ich sie sozusagen direkt vor ihrer Nase fotografiert hatte und ich dort am Schalter länger stand, bin ich wohl davon ausgegangen, dass sie einverstanden war.

Auf jeden Fall würde ich mich daran erinnern, wenn Frau Reinert mich angesprochen und gebeten hätte, die Bilder zu vernichten, oder zu mir gesagt hätte, sie wolle nicht fotografiert werden. Daran könnte ich mich deshalb gut erinnern, weil so etwas selten vorkommt.

Im konkreten Fall könnte ich mich auch deshalb daran erinnern, weil das Foto so gegen 22 Uhr, also etwa zu Beginn der Veranstaltung, entstanden ist.

Da ich mich ganz konsequent daran halte, wenn mich jemand auffordert, ihn nicht zu fotografieren oder die bereits gemachten Fotos zu vernichten, hätte ich mich auch daran gehalten, wenn Frau Reinert mich dazu aufgefordert hätte; denn es ist nicht meine Art, die Rechte anderer Menschen zu missachten. Außerdem würde ich als Fotograf sehr bald Aufträge seriöser Zeitungen und Zeitschriften verlieren, wenn ich Rechtsstreitigkeiten verursachte.

Da das Foto bereits gegen 22 Uhr entstanden ist, hätte Frau Reinert noch genügend Zeit gehabt, mich zu bitten, das Foto zu vernichten. Denn ich war ja noch etwa bis 3 Uhr im »Lap« tätig.

Hamburg, 3. Juli 1999

Peter Meier

Eine Einwilligung kann allerdings vor Abdruck zurückgenommen werden, wenn sich die Umstände, unter denen das Foto veröffentlicht werden sollte, gravierend geändert haben. Hat also z.B. jemand eingewilligt, dass sein Foto in einem Bericht über eine Diskothek erscheint und er als Besucher abgebildet ist, so kann er die Einwilligung zurückziehen, wenn die Diskothek zwischenzeitlich als Drogenumschlagplatz und die Gäste als Drogenkonsumenten in Verruf gekommen sind.

Als Beiwerk eines »Postkartenmotivs«

Ist eine Personen nur Beiwerk einer Landschaft, eines Gebäudes, einer Straße, einer Halle usw., so darf das Foto mit ihm veröffentlicht werden.

Allerdings muss dann in der Bildredaktion darauf geachtet werden, dass nicht eine Ausschnittvergrößerung gemacht wird. Der Betroffene muss Beiwerk bleiben, also im Vergleich zum eigentlichen Objekt klein und unbedeutend erscheinen.

Ist er im Vordergrund zu sehen und zeigt das Bild in erster Linie ihn, ist er kein Beiwerk, sondern Hauptfigur.

In der Nähe eines Prominenten

Auch wer sich in der Öffentlichkeit bewusst in die Nähe eines Prominenten, also einer Person der Zeitgeschichte begibt, darf mit ihm abgebildet werden, soweit der Prominente abgebildet werden darf – aber auch hier nur dann, wenn er im Verhältnis zum Prominenten als belanglose Nebensache oder im Hintergrund erscheint, also auch als eine Art Beiwerk (juristisch ist das nicht ganz der richtige Begriff, weil »Beiwerk« nur das Beiwerk zu Gebäuden usw. meint). Wer zum Beispiel größer als der Bundespräsident auf einem Foto neben ihm erscheint, so dass der Präsident zur Nebensache wird, muss entweder selbst prominent sein oder gefragt werden, wenn sein Konterfei ebenfalls abgedruckt werden soll.

Wie schon in Kapitel 1.1.1 gesagt: Die Angehörigen, vor allem die Kinder von Prominenten sind nicht automatisch auch Personen der Zeitgeschichte. Sie dürfen nur bei öffentlichen Anlässen auch mit ihrem prominenten Elternteil gemeinsam abgelichtet werden.

Das Oberlandesgericht München hat ein Foto für unzulässig erklärt, auf dem das Kind einer bekannten Geigerin mit seiner Mutter abgebildet wurde und das folgendermaßen begründet:

Zwar wurde die Klägerin (das Kind, Anm. des Autors) auf dem Schoß ihrer Mutter sitzend abgebildet. Auch die Mutter der Klägerin erscheint demnach auf dem Foto. Im Vordergrund der bildlichen Darstellung steht jedoch blickfangmäßig die Klägerin. Dabei ist eine Bildveröffentlichung in ihrer Gesamtheit und nicht unabhängig vom Begleittext zu würdigen. ... Die unter dem Foto angebrachte Überschrift »Kleine M. getauft« verdeutlicht, dass die im Taufkleid abgebildete Klägerin Mittelpunkt des Fotos und des Geschehens ist. ... Aus dem Zusammenspiel von Bild und Wort steht somit nach dem Verständnis der maßgeblichen Durchschnittslesers ... die Abbildung der Klägerin im Vordergrund.

Demonstrationen und Versammlungen

Auch bei Demonstrationen, Aufmärschen, Versammlungen usw. darf nach § 23 Kunsturhebergesetz ausnahmsweise ohne Einwilligung der Abgebildeten eine Aufnahme der Demonstration gemacht werden. Großaufnahmen von einzelnen Demonstrationsteilnehmern sind damit aber nicht unbedingt immer erlaubt. Hier muss im Einzelfall abgewägt werden, ob das Informationsinteresse das Persönlichkeitsrecht, das Recht am eigenen Bild des Betroffenen, überwiegt. Aber auch hier ist bei der Abwägung zugunsten der Presse zu beachten: Wer sich freiwillig und bewusst in der Öffentlichkeit öffentlichkeitsrelevant verhält, kann sich auf den Schutz seiner Persönlichkeit insoweit nicht berufen. Die Presse hingegen darf die Fotografierten durch die Fotos, also insbesondere die Art der Aufnahme, nicht diffamieren oder bloßstellen.

Aufnahmen aus dem Gericht

Film- und Tonaufnahmen aus einer laufenden Gerichtsverhandlung dürfen nicht angefertigt, also auch nicht gesendet werden. Das Anfertigen von Fotos ist allerdings erlaubt, wenn der Vorsitzende Richter es gestattet (s. dazu ausführlich Kapitel 6.5).

Aufnahmen von Häusern

Häuser von außen zu fotografieren und zu filmen und die Aufnahmen zu veröffentlichen, ist grundsätzlich erlaubt.

Eine Ausnahme kann vorliegen, wenn Luftbilder von Privathäusern aus geringer Höhe gemacht werden und die Aufnahmen mit den Namen der Bewohner/Eigentümer veröffentlicht werden – auch bei Prominenten! Das Kammergericht Berlin hat das als unzulässigen Eingriff in die Privatsphäre angesehen (Az. 9 U 555/00 und 1464/00).

1.9.2 *Verwendung von Fotos zu Werbezwecken*

Soll ein Foto (oder auch nur der Name) einer Person zu Werbezwecken verwendet werden, muss für diesen konkreten Zweck immer eine ausdrückliche Einwilligung des Betroffenen vorliegen. Auch Fotos von Prominenten dürfen nicht ohne deren Zustimmung zu Werbezwecken benutzt werden. Wird ein Foto zu Werbezwecken missbraucht, ist stets ein Fotohonorar als Schadenersatz fällig; denn der Abgebildete hätte als »Fotomodell« ein Honorar bekommen (s.u. 4.5)

Eine Einwilligung ist grundsätzlich auch dann nötig, wenn Werbung für eine Zeitschrift gemacht wird, dabei die Zeitschrift in der Anzeige abgebildet wird und in der abgebildeten Zeitschrift ein Foto zu sehen ist, meistens natürlich das Titelfoto. Soweit das Foto aber im Verhältnis zur gesamten Anzeige nur klein ist und als notwendig erscheint, weil die Zeitschrift z.B. nicht ohne das Titelfoto gezeigt werden kann, ist eine Einwilligung nicht nötig. Sie ist in der Einwilligung in ein Titelfoto enthalten.

Wird aber in einer Anzeige oder einem Werbespot mit einem großen Foto eines Prominenten sozusagen Blickfangwerbung für die Zeitschrift gemacht, so dass die Zeitschrift völlig in den Hintergrund gerät und für den flüchtigen Betrachter zunächst der Betroffene im Vordergrund der Anzeige oder des Werbespots steht, so muss das Einverständnis des Abgebildeten vorliegen.

Die Bild-Zeitung durfte nicht mit einem Fernseh-Spot, in dem Marlene Dietrich eine Sekunde lang zu sehen war, für sich werben, weil kein unmittelbarer Bezug zu einem Bericht über Marlene Dietrich in der Bild-Zeitung bestand. Das hat das Oberlandesgericht München entschieden. (Az. 6 U 3740/99).

Keine Anzeige in diesem Sinne ist die Händlerschürze, auf der die neueste Ausgabe einer Zeitschrift am Kiosk angepriesen wird.

Nicht als Werbezweck hat das Bundesverfassungsgericht die Abbildung von Prominenten auf der Titelseite einer Kundenzeitschrift angesehen: Schlecker hatte Uschi Glas und Elmar Wepper auf ihrer CHRIS-REVUE abgebildet. Die Schauspieler hatten vorgebracht, das sei ein Werbeprospekt (Az. 1 BvR 1082/95).

Die grundlegende und in Juristenkreisen wohl bekannteste Entscheidung über die verbotene Verwendung eines Fotos zu Werbezwecken ist der so genannte Herrenreiter-Fall. Im Jahre 1956 hatte die Herstellerfirma des Potenzmittels Okasa den damals sehr bekannten Springreiter Hans Günter Winkler mit seiner Stute Halla auf ihrem Werbeplakat in der Pose des Herrenreiters abgebildet. Der Reiter klagte bis zum Bundesgerichtshof und bekam 10 000 Mark Schmerzensgeld.

1.9.3 *Bildzitat*

Gelegentlich werden Bilder aus anderen Zeitschriften, Büchern oder aus Ausstellungen abgebildet, um über sie zu berichten. Das Bild ist also nicht Mittel des Berichtes, sondern sein Anlass,

zum Beispiel:

❏ ein Gemälde ist gestohlen worden

❏ eine Prominente hat sich im Playboy ablichten lassen

❏ Werbeplakate wurden wegen Verstoßes gegen die guten Sitten von der Kirche angegriffen

Hier stellt sich die Frage nach der Zulässigkeit des Abdrucks in erster Linie nicht wegen eines möglichen Verstoßes gegen das Persönlichkeitsrecht einer abgebildeten Person (s. dazu oben 1.9.1), sondern vor allem wegen eines möglichen Verstoßes gegen das Urheberrecht/Nutzungsrecht des Fotografen, Malers oder der Bildagentur.

Die Fotos, Bilder oder Gemälde, dürfen dann ohne Erlaubnis gedruckt werden, wenn

❏ sie zum besseren Verständnis des Berichts notwendig sind und

❏ sie nicht blickfangmäßig im Vordergrund, sondern lediglich als Beiwerk des Berichtes erscheinen, also im Verhältnis zum Gesamtbeitrag relativ klein. Der Bericht über das Foto oder Gemälde muss im Verhältnis zum Bild klar im Vordergrund stehen.

Das Landgericht München hatte 1994 darüber zu entscheiden, ob die Zeitschrift EMMA die erotischen Bilder des Fotografen Helmut Newton, die in Hamburg ausgestellt waren, rechtmäßig ohne Einverständnis als Bildzitat abgedruckt oder aber die Nutzungsrechte des Fotografen verletzt hatte (Az. 21 O 22343/93).

EMMA hatte 19 Newton-Bilder blickfangmäßig abgedruckt, zum Beweis für die in dem zugehörigen Artikel aufgestellten Thesen, die Bilder seien sexistisch, rassistisch und faschistisch. Der Beitrag beginnt mit einer Doppelseite mit Newton-Bildern.

Das Gericht hat entschieden, dass der Umfang der Abbildungen nicht mehr vom Zitatzweck gedeckt wird. Alle 19 Fotos zu präsentieren sei für die Untermauerung nicht notwendig gewesen, ebenso wenig die Größe der Darstellungen.

Weiter führte das Gericht aus:

> *Ein Hinweis auf das Überschreiten des Zitatzweckes kann auch in der Tatsache gesehen werden, dass der zitierende Text vom Umfang her geringer ist als die zitierten Werke.*

Verboten ist es z.B. auch, 24 Zeichnungen eines Comiczeichners in einem Buch über ihn abzudrucken, wenn sie das Buch in erster Linie nur illustrieren sollen und keinen unmittelbaren Bezug zum Text haben, also für das Verständnis des Buches keine Bedeutung haben. Außerdem seien es zu viele Zeichnungen, hat das Kammergericht entschieden.

1.9.4 *Abbildung von Kunst*

Wie man am Beispiel EMMA sieht, ist besondere Vorsicht geboten, wenn Gemälde oder andere Kunstwerke abgebildet werden.

Kunstwerke abzubilden ist, außer unter den im vorherigen Abschnitt erläuterten Voraussetzungen, ohne Verletzung des Urheberrechts auch erlaubt,

❑   wenn über andere Ereignisse berichtet wird als über das Kunstwerk selbst und das Kunstwerk im Laufe dieser Berichterstattung abgebildet wird, zum Beispiel, wenn ein Pressefoto oder ein Fernsehbericht von der Eröffnung einer Kunstausstellung durch den Ministerpräsidenten gemacht wird und dabei im Hintergrund Gemälde oder Plastiken zu sehen sind oder einige wenige kleine Fotos von den Kunstwerken in der Ausstellung zum Text gestellt werden und sie im Verhältnis zum Text eindeutig im Hintergrund stehen, also nur Beiwerk zum Text sind,

und

❑   wenn der Bericht sich mit tagesaktuellen Ereignissen befasst, also zum Beispiel einer Kunst- oder Fotoausstellung oder der öffentlichen Vorstellung eines Fotobandes.

Achtung: Solche Kunstabbildungen sind aber nur Zeitungen und Zeitschriften erlaubt, die im Wesentlichen Tagesinteressen dienen, also nicht bloß Hintergründe schildern, sondern überwiegend über aktuelle Ereignisse berichten. Dazu gehören natürlich alle Tageszeitungen, aber auch Illustrierten wie der STERN, Magazine wie der SPIEGEL und FOCUS, Wochenzeitungen wie ZEIT und DIE WOCHE. Nicht dazu gehören aber zum Beispiel Special-interest-Zeitschriften wie GEO oder die Kunstzeitschrift ART.

Also: Auch tagesaktuelle Zeitungen und Zeitschriften dürfen nicht ohne Einwilligung des Urhebers oder Nutzungsberechtigten über die Kunstwerke selbst berichten, etwa in einem Bericht über das Gemälde oder über das Museum, wenn kein tagesaktueller Anlass besteht. Die Kunstwerke selbst dürfen also nie im Mittelpunkt stehen (siehe aber 1.9.3).

Aber es gibt noch eine dritte Ausnahme, bei der ohne Einwilligung des Urhebers dessen Werk abgebildet werden darf, und zwar für alle Medien: Wenn das Werk nur rein zufällig und unvermeidbar auf einem Foto als unwesentliches Beiwerk mit abgebildet ist. Wenn also zum Beispiel gezeigt wird, wie der Bundeskanzler im Kanzleramt umhergeht, und die Gemälde der bisherigen Kanzler sind im Hintergrund zufällig kurz zu sehen. Nicht aber zulässig ist es, wenn die Gemälde gerade als besonders verstärkender Hintergrund im Fernsehbeitrag oder auf dem Foto verwendet werden.

Die vierte Ausnahme sind Kunstwerke, die an öffentlichen Wegen, Straßen und Plätzen stehen, also z.B. Denkmäler, kunstvolle Fassaden und Wandmalerei. Allerdings gilt das nur, wenn die Werke *bleibend* dort stehen. Wenn sie sich nur vorübergehend an öffentlichen Plätzen befinden, dürfen sie nicht ohne Erlaubnis abgebildet werden, z.B. bei einer zeitlich begrenzten Ausstellung von Plastiken auf einem Museumsvorplatz. Bekanntestes Beispiel für ein Kunstwerk, das nicht bleibend an einem öffentlichen Platz stand, war die Verpackung des Reichstages 1995. Wer den verpackten Reichstag abbilden will, braucht die Erlaubnis von Christo.

Übrigens: Das Urheberrecht an Kunstwerken erlischt siebzig Jahre nach dem Tod des Künstlers. Bis dahin dürfen Kunstwerke nur mit Erlaubnis des Künstlers bzw. der Erben abgebildet werden.

Fotos, die nicht als Kunstwerke einzustufen sind, also »normale« Fotos sind fünfzig Jahre nach dem Aufnahmedatum frei verwendbar.

1.9.5 *Exkurs für die Bildredaktion: Sonderproblem Verlust von Dias*

Es kommt immer mal vor, dass in einer Bildredaktion Dias von Agenturen verloren gehen. Darum ganz kurz die Rechtslage bezüglich des Schadenersatzes:

Die Agentur muss den Schaden, der ihr durch den Verlust entstanden ist, substantiiert, das heißt genau und konkret, darlegen. Es ist nicht zulässig, einen pauschalisierten Schadenersatz zu verlangen, wie er in den Allgemeinen Geschäftsbedingungen/Lieferbedingungen vieler Agenturen festgelegt ist. Solche Allgemeinen Geschäftsbedingungen sind nur rechtmäßig, wenn dem Schädiger darin auch die Möglichkeit gegeben wird, einen geringeren als den pauschalisierten Schaden nachzuweisen. Für die Höhe des Schadenersatzes kommt es darauf an, wie oft die verloren gegangenen Dias wahrscheinlich nochmals abgedruckt worden wären:

❑ Bei Serienbildern, die mit einer Motorkamera geschossen wurden, ist der Schaden durch Verlust eines Dias aus der Serie in der Regel lediglich der Materialwert des Dias.

❑ Bei »Genre-Dias«, die jederzeit wiederholbare und typische Allerweltssituationen darstellen, kann die Agentur nur die Kosten zur Herstellung gleichwertiger Dias verlangen (Landgericht Hamburg).

Daraus folgt, dass ein höherer Schadenersatz als die Material- oder Reproduktionskosten nur bei seltenen, schwer oder gar nicht reproduzierbaren Aufnahmen verlangt werden kann und konkret im Einzelfall nachgewiesen werden muss.

Checkliste: Fotos von Personen

Veröffentlichung ohne Erlaubnis zulässig?

	Prominente	Normale
Intimsphäre	Nein	Nein
Nacktfotos	Grundsätzlich nein, aber u.U. ausnahmsweise bei Bericht über Nacktfotos in anderer Zeitschrift	Nein
Privatsphäre	Grundsätzlich nein. Ausnahme: besonders öffentlichkeitsrelevant, oder Motive sind in anderer Zeitschrift für Geld abgedruckt	Nein
Öffentlichkeit oder Passfotomotiv	Ja	Nein
als Beiwerk zu Postkartenmotiven	Ja	Ja
bei Demonstration	Ja	Ja
zu Werbezwecken	Nein	Nein

2 Wie darf berichtet werden?

Tipps fürs Formulieren

Zu berichten, ohne juristisch anzuecken, heißt nicht, dass man nichts Kritisches, Anprangerndes und Enthüllendes schreiben oder senden darf, es heißt vor allem, dabei die richtigen Worte zu finden oder wenigstens nicht die falschen zu benutzen.

Meist ist es nicht unbedingt der Inhalt, der den Artikel angreifbar macht, sondern allein die Ausdrucksweise. Es ist sehr ärgerlich, wenn ein kritischer Inhalt, der en gros juristisch nicht angreifbar wäre, von Anwälten niedergewalzt wird, weil man sich en detail falsch ausgedrückt hat.

Natürlich kann ich sagen: »Scharping ist doof« – aber keinesfalls mit diesen Worten!

Formulieren darf ich: Scharping fiel am Montag auf gerader Strecke vom Fahrrad.

Häufig machen sich Journalisten angreifbar, weil sie verallgemeinern und übertreiben. Die konkrete Dummheit, der konkrete Missstand reichen völlig aus, um das Leser- und Zuschauerbedürfnis nach dem Skandal oder Skandälchen zu befriedigen.

Hilfreich ist es schon, bestimmte Wörter ganz aus seinem Wortschatz zu verbannen:

❏ keine Verallgemeinerungen wie:

immer, stets, alle, ständig, nirgends, nie

Diese ausschließlichen Begriffe lassen sich so gut wie nie beweisen, und eine solche Ausschließlichkeit war wohl auch nicht bei der Recherche festzustellen, sei sie noch so gründlich gewesen.

❑ Wenn Sie unbedingt verallgemeinern möchten, benutzen Sie relative Begriffe wie:

> meist, oft, viele, öfter, mehrfach, selten, gelegentlich, manchmal

aber auch nur, soweit es nötig ist, um konkret beweisbare Fälle zusammenzufassen.

Hat es in nur fünf von hundert Fällen Missstände gegeben, sind »meist« und »oft« fehl am Platz; es muss dann »gelegentlich« oder »manchmal« heißen. Gibt es dreißig Fälle, kann es »oft« heißen. Und erst bei mehr als der Hälfte ist ein »meist« erlaubt.

Bedenken Sie: Wenn Sie absolute Verallgemeinerungen benutzen, also z.B. »immer« oder »nie«, braucht der Betroffene nur eine einzige Ausnahme von Ihrer Verallgemeinerung aus der Schublade zu ziehen, und der Verlag oder Sender muss Unterlassung erklären und gegebenenfalls Schadenersatz zahlen.

Gefährlich sind vor allem Verallgemeinerungen in Kombination mit weiteren Übertreibungen:

Also bei einer Restaurantkritik nicht schreiben:

»Allen Kellnern tropfte ständig der Schweiß ins Essen.« 89

Sondern z.B.:

Meinem Kellner, einem kleinen kahlköpfigen Mann, tropfte mehrfach der Schweiß von der Stirn in meine Tomatensuppe, als er mich am Abend des 14. Juli 2000 bediente.

Nicht:

Prof. Ypsilon veröffentlicht seine Aufsätze stets in rechtsextremen Zeitschriften.

Sondern:

Prof. Ypsilon veröffentlichte am 9.7.99 den Aufsatz ,Türken raus' in der Zeitschrift xyz, einem Kampfblatt der zzz-Organisation, die vom bayerischen Verfassungsschutz als rechtsextrem eingestuft worden ist.

Wenn Sie eine Äußerung nicht wörtlich meinen, sondern sinngemäß oder in einem übertragenen Sinne, dann machen Sie dem Leser das klar, wenn er es vielleicht falsch verstehen könnte. Das ist bei Negativ-Kritik wichtig.

Schreiben Sie nicht:

Schröder hat Wahlbetrug begangen.

Sondern:

Schröder hat aus meiner Sicht Wahlbetrug begangen, wenn er jetzt die Steuern erhöht. Denn er hat im Wahlkampf Steuersenkungen versprochen.

Schreiben Sie nicht:

Egon Krenz hat uns 1989 in der DDR mit dem Platz des himmlischen Friedens gedroht.

Sondern:

Nach meinem Empfinden wollte Egon Krenz 1989 in der DDR einen Platz des Himmlischen Friedens veranstalten. Jedenfalls hatten viele diese Angst.

Die erste Fassung des Satzes hat das Landgericht Hannover der Bundesfamilienministerin Christine Bergmann verboten, weil der vernünftige Durchschnittsleser diesen Satz für eine Tatsache halten kann. Egon Krenz hatte gegen sie geklagt, weil sie sich so in der ZEIT geäußert hatte. (Az. 6 O 443/98).

Ein weiteres Beispiel aus der Praxis:

In einer großen deutschen Zeitschrift stand in einem Artikel, der sich, abgesehen von diesem einen Nebensatz, überhaupt nicht mit Herrn Ypsilon, sondern nur mit Frau Schreinemakers befasste: »... auch Y, der für die intensive Betreuung seiner weiblichen Untergebenen bekannt ist.«

Der Verlag musste eine Unterlassungserklärung abgeben, also versprechen, diese Aussage nicht zu wiederholen. Die Rechtsabteilung der Zeitschrift schrieb dem Redakteur folgende Hausmitteilung:

Lieber Herr X,

zur Prävention im Hinblick auf künftige Fälle möchte ich noch einmal festhalten, warum der Satz »Y ist für die intensive Betreuung seiner weiblichen Untergebenen bekannt« juristisch angreifbar ist.

Der Satz ist, so wie er in dem Artikel stand, eine pauschale Herabsetzung Ypsilons und eine üble Nachrede im

Sinne des § 186 StGB. Er ist eine unzulässige Verallgemeinerung, die zudem in der Formulierung ungenau und
mehrdeutig ist. Er ist eine Art »Rundumschlag unter die
Gürtellinie«.

Erlaubt sind nach dem Presserecht grundsätzlich aber nur
»gezielte Haken aufs Kinn«. Das heißt: Ich darf grundsätzlich nur ganz konkrete Behauptungen aufstellen; und die
muss ich dann auch beweisen können.

Beispiel: Wenn Detlef Eßlinger (über denselben Y) in der
Süddeutschen Zeitung schreibt,

»Frauen aus der Abteilung berichten, Y habe sie zum Essen eingeladen, dabei Komplimente gemacht und gesagt,
er könne ihnen weiterhelfen, sofern sie ...«,

so ist das ein ganz konkreter Vorwurf, den er mit Zeugin-
nen beweisen kann.

Gäbe es nur einen einzigen solchen Fall, so wäre auch Eß-
lingers Aussage angreifbar, denn sie ginge dann über den
tatsächlich geschehenen Fall hinaus und verallgemeiner-
te ihn.

Natürlich: Je mehr konkret beweisbare Fälle es gibt, umso
allgemeiner darf der Vorwurf formuliert sein – jedoch nur
so allgemein, wie es nötig ist, um die einzelnen konkreten
Fälle zusammenzufassen.

Gäbe es einige beweisbare und bereits publizierte Fälle, in
denen Y weibliche Untergebene sexuell belästigt hat, so
hätte die Verallgemeinerung heißen müssen:

»*Y ist dafür bekannt, dass er weibliche Untergebene sexuell belästigt hat*«

oder: »..., dass er gegenüber weiblichen Untergebenen zudringlich geworden ist.«

Allein schon die Formulierung »intensive Betreuung« ist unzulässig, wenn sie wie hier völlig ohne Zusammenhang dasteht; denn sie trifft keine klare Aussage, sondern schürt Gerüchte. Hätte sich der gesamte Artikel oder ein großer Teil davon mit Ypsilons Zudringlichkeiten beschäftigt, so hätte man die Formulierung »intensive Betreuung« im dazugehörigen Kontext als zusammenfassende Wertung akzeptieren können.

Übrigens: Über sexuelle Kontakte darf man grundsätzlich überhaupt nicht schreiben, außer sie spielen sich in der Öffentlichkeit ab, oder es besteht ein überragendes öffentliches Interesse.

Ich hoffe, ich habe die Sache nun etwas klarer für Sie gemacht.

Mit freundlichen Grüßen

Kurzum: Schreiben Sie einfach alles nur so, wie es war. dann bekommen Sie keinen Ärger wegen Übertreibungen oder Verallgemeinerungen.

3   *Interviewen und Zitieren*

Dass Aussagen von Interviewpartnern und anders zitierten Personen auch wahr sein müssen und nicht beleidigen dürfen, ist bereits oben in Kapitel 1.3 behandelt worden. Hier geht es darum, inwieweit die gedruckte oder gesendete Fassung der Antworten eines Interviewpartners und der Zitate eines Befragten der Originalaussage entsprechen müssen, also inwieweit die Aussagen verändert werden dürfen.

Vielleicht muss aber erst einmal klargestellt werden, dass Zitate und Interviews nicht erfunden sein dürfen. Sind sie es nicht, so gilt:

Grundsätzlich müssen Zitate und Antworten hundertprozentig genau wieder gegeben werden.

Allerdings gibt es Ausnahmen:

❏ Wenn sich durch leichtes Redigieren, Kürzen und Zusammenfassen einer Antwort oder eines Zitates keinerlei Sinnveränderung ergibt. Versprecher, Dopplungen, bloße Füllwörter dürfen gestrichen; komplizierte Schachtelsätze dürfen entzerrt werden.

❏ Natürlich dann, wenn der Betroffene mit der Änderung einverstanden ist.

Bei Interviews und längeren Zitaten bietet es sich an, dem Befragten die Entfassung des Interviews/Zitats zur Genehmigung vorzulegen. Nur so kann sichergestellt werden, dass er

mit der gedruckten/gesendeten Fassung einverstanden ist.

Ein wichtiges Zeitungs- oder Zeitschriften-Interview sollte zu zweit geführt und, wenn es der Interviewpartner gestattet, auf Band aufgenommen werden, um später bei Streitigkeiten Beweise zu haben.

Allerdings kann der Interviewte seine Zustimmung zum Abdruck oder zur Sendung jederzeit vor Abdruck oder Sendung zurücknehmen. Aber nicht mehr, wenn der Text sich schon kurz vor dem Druck oder der Sendung befindet und ein Rausschmeißen des Beitrages nicht mehr möglich ist, ohne das Erscheinen des Blattes zu verzögern oder ein Loch in die Sendung zu reißen.

Vorsicht: Falsche oder sinnentstellende Zitate oder gar erfundene Interviews sind in der Regel eine schwere Persönlichkeitsrechtsverletzung, für die der falsch Zitierte Schmerzensgeld verlangen kann (s. Kapitel 4.6).

Bei Live-Interviews im Radio oder Fernsehen können diese Maßstäbe natürlich nur sehr eingeschränkt oder gar nicht beachtet werden. Der Interviewte muss aber dann auch wissen, dass er live auf Sendung ist.

Ziffer 2.4 Pressekodex

Interview

Ein Interview ist auf jeden Fall journalistisch korrekt, wenn es vom Interviewten oder dessen Beauftragten autorisiert wurde. Unter besonderem Zeitdruck ist es auch korrekt, Äußerungen in unautorisierter Interviewform zu veröffentlichen, wenn den Gesprächspartnern klar ist, dass die Aussagen zur wörtlichen oder sinngemäßen Publikation gedacht sind. Journalisten sollten sich stets als solche zu erkennen geben.

Wird ein Interview ganz oder in wesentlichen Teilen im Wortlaut übernommen, so muss die Quelle angegeben werden. Wird der wesentliche Inhalt der geäußerten Gedanken mit eigenen Worten wieder gegeben, entspricht eine Quellenangabe journalistischem Anstand.

Bei Ankündigung eines Interviews in Form einer Kurzfassung ist zu beachten, dass der Interviewte gegen Entstellungen oder Beeinträchtigungen, die seine berechtigten Interessen gefährden, geschützt ist.

4 Folgen von Rechtsverletzungen

4.1 Allgemeines: Erkennbarkeit und Betroffenheit

Ob mit einer Gegendarstellung, einer Unterlassungsklage oder einer Schadenersatzforderung – gegen einen Pressebericht vorgehen kann nur derjenige, der von dem Bericht betroffen, und darin erkennbar ist.

Viele Redaktionen leiten für sich daraus den Grundsatz ab, dass über alles berichtet werden darf, solange der Betroffene nicht erkennbar ist. Das ist zwar nicht der Sinn des Persönlichkeitsrechts, aber ist natürlich insoweit richtig, als dass ein solcher Bericht in der Regel keine Folgen für die Redaktion bzw. den Verlag hat.

Betroffen ist,

❑ über den individuell im Pressebericht geschrieben wird

oder

❑ wer Mitglied einer konkret abgrenzbaren Gruppe ist, über die im Bericht geschrieben wird.

Nur wenn dort z.B. steht,

Mitglieder des Angelvereins Kleinborstel angeln außerhalb der zugelassenen Zeiten,

dann kann sich jedes einzelne Mitglied (juristisch) betroffen fühlen.

Die Aussagen,

> *Angler, Fußballer, die Polizei, die Feuerwehr, die Ärzte-schaft, die Anwälte, die Soldaten, die Lehrer*

sind in der Regel zu allgemein, als dass sich ein Einzelner davon betroffen fühlen kann.

Anders aber, wenn z.B. die Polizei in Lübeck oder die frei-willige Feuerwehr Hennigsdorf genannt wird, dann handelt es sich wieder um eine konkret abgrenzbare Gruppe. An-ders aber auch, wenn zwar isoliert betrachtet nur »die Poli-zei« genannt wird, sich aber aus dem Kontext ergibt, dass die Polizei in Lübeck gemeint sein muss.

Erkennbar ist,

selbstverständlich, wer namentlich genannt wird oder wes-sen Foto zu sehen ist. Wer einen 08/15-Namen wie Peter Müller oder Hans Meier hat, nur dann, wenn die Erkennbar-keit durch weitere Umstände gegeben ist, etwa Wohnort, Anschrift oder Arbeitsplatz.

Ausreichend ist es aber schon, wenn der Betroffene – ohne Namensnennung – von seinem näheren Bekanntenkreis er-kannt wird oder erkannt werden kann. Es genügt jedoch nicht, wenn etwa nur der Ehepartner oder die Eltern, aber sonst keiner ihn erkennen kann.

Wer die in juristischen Zeitschriften in presserechtlichen Ur-teilen gern genannte »monegassische Prinzessin« ist, ist wohl jedem klar. Welche Zeitschrift sich hinter dem »mon-tags erscheinenden Nachrichtenmagazin aus Hamburg« ver-birgt, ist ebenfalls kein Rätsel.

Wer der »Bürgermeister von Hamburg« ist, wissen die meisten Hamburger. Den einzigen »Bäcker in Kleinkleckersdorf« kennen die Klein-Kleckersdorfer.

Auf einem Foto genügt ein Balken über den Augen nicht, um die Erkennbarkeit zu verhindern, wenn der Betroffene durch den freien Gesichtsteil, die Figur oder Umgebung (er steht vor seinem bekannten Wohnhaus, er sitzt in seinem bekannten Laden) erkennbar ist.

In dem schon zitierten Herrenreiter-Fall, in dem das Foto des Springreiters Hans Günter Winkler zu Werbezwecken missbraucht worden ist, konnte man zwar den Reiter selbst nicht erkennen, aber seine bekannte Stute Halla, auf der nur er ritt – das genügte.

Zu erkennen kann auch jemand sein, wenn ein anderer von sich selbst erzählt. Berichtet zum Beispiel eine Frau, dass sie als Kind von ihrem Vater missbraucht worden ist, wird der Vater zwangsläufig erkennbar – auch wenn die Erzählerin nur den eigenen Namen nennt. Darum darf man ihr aber nicht verbieten, den eigenen Namen zu nennen, hat das Bundesverfassungsgericht entschieden. Die unvermeidbare Folge, dass der Vater erkennbar wird, müsse er ausnahmsweise in Kauf nehmen. Die Geschichte der Frau muss allerdings richtig sein.

In welchem Umfang, also für wie viele Personen der Betroffene erkennbar war, spielt für den Verstoß im Grunde keine Rolle, es wirkt sich aber später bei der Frage eines möglichen Schmerzensgeldes aus (s. Kapitel 4.6).

4.2 *Die Gegendarstellung*

4.2.1 *Form und Inhalt*

Nicht jede Zuschrift, die einen Artikel kritisiert, ist eine Gegendarstellung; dazu sind einige besondere Kriterien notwendig. Hier die wichtigsten:

❏ Nur wer von dem Artikel betroffen und darin erkennbar ist, darf eine Gegendarstellung verlangen.

❏ Die beanstandete Textstelle muss genau bezeichnet werden.

❏ Es darf nur auf Tatsachen entgegnet werden, nicht auf Meinungen oder Wertungen (siehe dazu Kapitel 1.2).

❏ Es darf nur mit Tatsachen entgegnet werden, nicht mit Meinungen oder Wertungen.

❏ Der Umfang muss angemessen sein. Die Gegendarstellung, oder genauer: die Darstellung des Betroffenen, darf grundsätzlich nicht länger sein als die beanstandete Textstelle. Ist sie wesentlich länger, aber im Übrigen in Ordnung, so muss der Gegendarsteller unter Umständen die Überlänge wie eine Anzeige bezahlen:

❏ Die Gegendarstellung muss unterschrieben sein – und zwar vom Betroffenen selbst, nicht von seinem Anwalt. Ausnahme: Berlin, Bremen, Niedersachsen; dort dulden die höchsten Landesgerichte auch die Unterschrift des Anwalts unter der Gegendarstellung selbst. (Das Abdruckverlangen darf der Anwalt stets unterschreiben.)

❑ Der Betroffene muss ein berechtigtes Interesse an der Gegendarstellung haben. Das liegt in der Regel vor. Es fehlt z.B. aber, wenn

- die angegriffenen Tatsachen belanglos sind (bei einem Bericht über einen sensationellen Mordprozess will der Angeklagte richtig stellen, dass er nicht 40, sondern 39 Jahre alt ist)

- die Zeitung die Sache schon selbst richtig gestellt hat (wozu sie gemäß Pressekodex verpflichtet ist), bevor der Abdruck der Gegendarstellung verlangt wird

- der Betroffene bereits in dem angegriffenen Artikel mit seiner anders lautenden Darstellung zu Wort gekommen ist.

❑ offenkundig mit Halbwahrheiten gegenübergestellt wird und der Leser dadurch irregeführt wird.

❑ Die Gegendarstellung darf keinen strafbaren Inhalt haben

❑ Die Gegendarstellung muss an den Verlag oder den verantwortlichen Redakteur gerichtet werden,

❑ und zwar unverzüglich nach Erscheinen der beanstandeten Meldung. Unverzüglich bedeutet »ohne schuldhaftes Verzögern«, in der Regel spätestens nach 14 Tagen. Ist der Betroffene aber erst drei Wochen nach Erscheinen auf den Artikel aufmerksam geworden, so hat er die Frist noch nicht versäumt. In Hamburg und Rheinland-Pfalz z.B. muss sie aber spätestens nach drei Monaten beim Verlag eingegangen sein. Wenn keine 101 solche »Ausschlussfrist« gegeben ist wie etwa in Bayern und in Hessen, darf jedenfalls die Aktualitätsgrenze nicht überschritten werden; es muss also noch ein zeitlicher Zusammenhang bestehen.

Achtung: Die Gegendarstellung muss nicht wahr sein; sie ist auch gegen die Wahrheit möglich. Der Gegendarsteller kann lügen!

Das liegt an der nur formalen, nicht inhaltlichen Prüfung im gerichtlichen Verfahren (falls die Zeitung die Gegendarstellung nicht abdrucken will und der Betroffene sie mit gerichtlicher Hilfe durchsetzen möchte).

Allerdings darf die Gegendarstellung nicht offensichtlich unwahr sein. Dann muss sie ausnahmsweise nicht gedruckt werden. Also wenn zum Beispiel Diepgen schriebe: »Ich bin niemals Regierender Bürgermeister gewesen.« Oder Boris Becker: »Ich habe noch nie Tennis gespielt« usw. (Das wären natürlich dann Meldungen für sich.)

Bezieht sich die Gegendarstellung auf ein Zitat oder ein Interview, so muss sie den Hinweis enthalten, dass nicht die Redaktion, sondern ein Dritter die Behauptung aufgestellt hat.

Prinzip der Waffengleichheit

Die Gegendarstellung will dem Betroffenen die Möglichkeit geben, sich zu Vorwürfen zu äußern oder seine Darstellung neben die des Verlages zu setzen. Niemand soll Tatsachen-Darstellungen über sich in den Medien einfach hinnehmen müssen, ohne selbst zu Wort zu kommen.

Dieses Prinzip der Waffengleichheit gebietet auch, dass die Gegendarstellung des Betroffenen ebenso abgedruckt und angekündigt wird wie der beanstandete Text:

- ❏ in derselben Rubrik
- ❏ an der gleichen Stelle
- ❏ in derselben Schrift und Schriftgröße

Das ist wörtlich oder sinngemäß in allen Landespressegesetzen geregelt (z.B. in Mecklenburg-Vorpommern in § 10, in Hamburg in § 11, in Brandenburg in § 12).

Gegebenenfalls muss die Gegendarstellung daher auch auf der Titelseite erscheinen, allerdings nicht auf der ganzen Titelseite. Es darf noch Platz für andere Ankündigungen bleiben. Den so genannten Kiosklesern, die sich am Kiosk oder im Regal nur die Titelbilder anschauen oder nur die Händlerschürze lesen, muss die Gegendarstellung ebenso leicht zugänglich sein wie die Erstmitteilung.

Daher müsste meines Erachtens eine Gegendarstellung auf dem Titelblatt auf der linken Seite stehen, wenn auch die Erstmitteilung links stand. Der Grund: Viele Zeitschriften liegen am Kiosk aus Platzgründen »geschuppt«, also im Regal halb übereinander gelegt, so dass immer nur die jeweils linke Seite des Titelblattes für den Kioskleser sichtbar ist (s. auch Kapitel 4.4.1).

War der beanstandete Text auf der Händlerschürze angekündigt oder abgedruckt, so gilt das auch für die Gegendarstellung.

War die beanstandete Meldung schon in der Überschrift des Artikels enthalten, z.B.: »Schumacher wechselt zu Trabant«, 103

Eine Zeitschrift, die eine zweifelhafte Meldung aufs Titelblatt bringt, muss die Gegendarstellung auch dort abdrucken.

so muss auch die Gegendarstellung eine gegenteilige Überschrift bekommen. Also: »Schumacher wechselt nicht zu Trabant«, oder »Schumacher bleibt.«

Dass die Gegendarstellung in einem solchen Fall einer so genannten Gegenüberschrift auch noch zusätzlich mit »Gegendarstellung« überschrieben werden muss, ist nicht unbedingt nötig, wenn im Übrigen klar zu erkennen ist, dass es sich um eine Gegendarstellung handelt.

War der beanstandete Text im Inhaltsverzeichnis angekündigt, so muss auch die Gegendarstellung dort aufgeführt werden.

Das Oberlandesgericht München hat allerdings erst kürzlich diesen Grundsatz eingeschränkt: Nur wenn die Angabe im Inhaltsverzeichnis unmittelbar auf die beanstandete Textstelle hinweise, müsse auch die Gegendarstellung ins Inhaltsverzeichnis.

Ist also zum Beispiel im Inhaltsverzeichnis angegeben, »Schumacher wechselt zu Trabant«, und richtet Schumacher gegen diese Behauptung eine Gegendarstellung, so muss ihre Ankündigung ebenfalls ins Inhaltsverzeichnis. Richtet er aber seine Gegendarstellung gegen eine Textstelle in dem betreffenden Artikel, in der es zum Beispiel heißt, »Schumacher war am 1. April zur Audienz beim Papst«, so hat das mit der Ankündigung des Artikels im Inhaltsverzeichnis nichts zu tun, und die Gegendarstellung braucht dort auch nicht angekündigt zu werden.

Zwar muss der Verlag die Gegendarstellung schon von Gesetzes wegen ebenso prominent abdrucken wie die Erstmitteilung, allerdings bietet es sich für den Betroffenen an, in seinem Abdruckverlangen konkret die Art des geforderten Abdrucks anzugeben, um Missverständnisse und späteren Streit wegen der Platzierung zu vermeiden, wenn der Verlag die Gegendarstellung zwar abdruckt, aber nicht genau so, wie es sich der Betroffene vorgestellt hat.

So haben zum Beispiel einige Zeitschriften versucht, bei gebotenem Abdruck der Gegendarstellung auf dem Titelblatt diese dort nur anzukündigen und dann in der Zeitschrift abzudrucken. Das kann aber sogar werbewirksam sein: Potenzielle Leser kaufen möglicherweise nur deshalb die Zeitschrift, weil sie neugierig auf die Gegendarstellung sind.

Aber auch ohne solche Versuche, Gegendarstellungen und damit meist auch die vorangegangenen Falschmeldungen zum Vorteil auszunutzen, gibt die gesetzliche Regelung einen gewissen Spielraum bei der Platzierung im Bereich der gleichen Stelle. Ebenso prominent muss nicht bedeuten, dass die Gegendarstellung millimetergenau dort steht, wo die Erstmitteilung stand. Sie muss aber ebenso ins Auge fallen.

Die Gegendarstellung muss unverzüglich nach Eingang des Abdruckverlangens, das heißt in der nächsten noch nicht zum Druck abgeschlossenen Ausgabe, abgedruckt werden.

Abdruckverlangen

Abgedruckt werden muss die korrekte Gegendarstellung nur, wenn der Betroffene das ausdrücklich verlangt. In der Regel sollte er das durch ein besonderes Begleitschreiben tun. Es genügt aber auch das mündliche Verlangen oder die Gegendarstellung allein, wenn aus ihr klar hervorgeht, dass sie abgedruckt werden soll. Das wird bei einer korrekten

Gegendarstellung in der Regel zwar so sein, allerdings sollte der Absender aus Beweisgründen stets ein Abdruckverlangen in Schriftform an den Verlag oder den verantwortlichen Redakteur richten. Darin sollte die gewünschte Platzierung ebenfalls angegeben werden.

Muster eines Abdruckverlangens und einer Gegendarstellung

An den
Besten Verlag
Beste Zeitung

verantwortlicher Redakteur

Sehr geehrter Herr Müller,

ich bitte sie hiermit, gemäß Ihrer Pflicht als verantwortlicher Redakteur,

- in der nächsten zum Druck noch nicht abgeschlossenen Ausgabe der »Besten Zeitung«
- in der »Hauptstadt-Rundschau«
- auf der ersten Seite
- über dem Bruch
- oben links

die beigefügte, von mir eigenhändig unterschriebene Gegendarstellung abzudrucken, und zwar

- in der gleichen Schrift und Schriftgröße wie der beanstandete Text
- mit der Überschrift »Gegendarstellung« in einer Größe von mindestens 14 Punkt fett

Sollte nicht spätestens bis morgen früh, 9 Uhr, die verbindliche Zusage unverzüglicher Veröffentlichung schriftlich vorliegen, werde ich gerichtlich vorgehen.

Mit vorzüglichster Hochachtung
Karl-Heinz Sauer

Gegendarstellung

In der Besten Zeitung Nr. 274 vom 23. November 1996 wird auf Seite 22 unter dem Titel »Goldgräberstimmung am Tempelhofer Damm« behauptet, ich sei Vorsitzender der Arbeitsgemeinschaft der republikanischen Selbstständigen. Das ist falsch. Ich bin niemals Mitglied dieser Gemeinschaft gewesen.

Berlin, 23. November 1996
Karl-Heinz Sauer

4.2.2 Redaktionsschwanz

Die Pressegesetze der Länder erlauben, dass die Redaktion bzw. der Verlag hinter die abgedruckte Gegendarstellung z.B. schreibt:

> *»Der Verlag ist gemäß § ... des Landespressegesetzes verpflichtet, Gegendarstellungen unabhängig vom Wahrheitsgehalt abzudrucken.«*

Oder

> *»Die Redaktion bleibt bei ihrer Darstellung.«*

Der Redaktionsschwanz kann aber auch die Gegendarstellung glossieren und konkret angreifen. Allerdings ist dagegen wieder eine Gegendarstellung möglich.

4.2.3 *Rundfunk und Fernsehen*

Die dargestellten Grundsätze, die für die Gegendarstellung in den Printmedien gelten, sind im Prinzip, also sinngemäß, auch auf Rundfunk und Fernsehen anzuwenden – allerdings mit praktischen Unterschieden, die sich bei diesen Medien aus der Natur der Sache ergeben.

So muss die Gegendarstellung z.B. statt an der gleichen Stelle im gleichen Programmbereich und zu einer gleichwertigen Sendezeit gebracht werden.

Das steht in Bremen (§ 25) und in Rheinland-Pfalz (§ 24) für den Rundfunk ausnahmsweise sogar in den Landes-Pressegesetzen (die üblicherweise aber nur für Printmedien gelten). In den übrigen Ländern ist es in den Landes-Rundfunkgesetzen, den Landesmediengesetzen oder gar den speziellen Gesetzen über die einzelnen Sendeanstalten (z.B. Gesetz über den Hessischen Rundfunk, § 3 Nr. 9) geregelt. Bei länderübergreifenden Anstalten gelten Staatsverträge, etwa der Südwestfunk-Staatsvertrag (§ 7) oder der ZDF-Staatsvertrag (§ 4).

4.3 *Unterlassungserklärung*

Ist eine Veröffentlichung unzulässig, weil sie unwahre Tatsachen oder aber Schmähkritik beinhaltet (s.o. 1.1.2, 1.2), so kann der Betroffene vom Verlag und dem Autor Unterlassung verlangen.

Das heißt, er kann verlangen, dass der Verlag sich rechtsverbindlich verpflichtet, die Aussage nicht wieder oder weiterhin aufzustellen oder – bei Zitaten – zu verbreiten. (Der Anspruch ergibt sich aus § 1004 des Bürgerlichen Gesetzbuches.)

Der Betroffene darf zwar nur dann Unterlassung verlangen, wenn die Gefahr besteht, dass die Zeitschrift die Meldung wiederholt. Diese Wiederholungsgefahr wird aber in der Regel immer angenommen, weil der Verlag die unzulässige Darstellung ja bereits einmal gedruckt hat. Die Wiederholungsgefahr kann unter Umständen aber dann ausgeschlossen sein, wenn die Zeitschrift die Meldung schon zuvor von sich aus richtig gestellt hat.

Die Wiederholungsgefahr wird in aller Regel aber nur durch die abgegebene Unterlassungserklärung »zerstört«.

Auch die so genannte »Erstbegehungsgefahr« kann zu einer Unterlassungspflicht führen. Sie ist gegeben, wenn der Betroffene schon vor Abdruck von der beabsichtigten, möglicherweise unzulässigen Veröffentlichung erfahren hat und gegen den Verlag vorgeht.

Allerdings genügt die bloße Recherche eines Journalisten noch nicht, um eine Erstbegehungsgefahr anzunehmen. Der Beitrag muss schon kurz vor dem Abdruck stehen, also zum Beispiel schon gesetzt oder geschnitten sein.

110 | Die Unterlassungserklärung wird oft für den gesamten Verlag, also für alle dort erscheinenden Zeitschriften und Zei-

tungen, gefordert, muss aber grundsätzlich nur für die konkrete Zeitschrift (die konkrete »Verletzung«) abgegeben werden, weil die Redaktionen in aller Regel redaktionell unabhängig voneinander sind.

Nur ausnahmsweise muss die Erklärung für mehrere Zeitschriften oder Zeitungen abgegeben werden: wenn sie demselben Chefredakteur unterstehen oder wegen anderer verlagsinterner Regelungen redaktionell nicht unabhängig voneinander sind.

Unterlassungsverpflichtungserklärung

Hiermit verpflichtet sich der XY-Verlag gegenüber Andrea Casiraghi, vertreten durch seine Mutter, Prinzessin Caroline von Monaco, es künftig bei Meidung einer Vertragsstrafe, deren Höhe in jedem Einzelfall der Zuwiderhandlung von Andrea Casiraghi festzusetzen und gegebenenfalls vom Landgericht Hamburg zu überprüfen ist,

zu unterlassen,

in der Zeitschrift X Bilder zu veröffentlichen, die Andrea Casiraghi zeigen.

Hamburg, den ...
XY-Verlag

Bezieht sich die Unterlassungserklärung nicht auf Tatsachen, sondern auf Schmähkritik, so kann der Betroffene auch die Veröffentlichung der Unterlassungserklärung verlangen. Denn: Bei Schmähkritik gibt es weder ein Gegendarstellungsrecht noch ein Berichtigungs- oder Widerrufsrecht. Die Öffentlichkeit würde bei Schmähkritik nichts davon erfahren, dass dem Verlag »eins übergebraten« worden ist.

4.4 Berichtigung

4.4.1 Richtigstellung/Widerruf

Am 25. Januar 1996 geschah in Deutschland eine kleine presserechtliche Sensation: Die BUNTE erschien mit einem Widerruf und einer Richtigstellung auf dem Titelblatt. Eingerahmt waren beide sinnigerweise von einer Vielzahl kleiner fünfzackiger Krönchen. Beide betrafen Berichte über Prinzessin Caroline von Monaco.

Widerruf

Auf Seite 1 der Ausgabe vom 19. März 1992 hatte BUNTE eine Exklusiv-Gespräch mit Prinzessin Caroline von Monaco angekündigt. Auf Seite 17 ff. ist ein solches Gespräch im Rahmen eines redaktionellen Beitrags veröffentlicht worden. Wir erklären hierzu, dass Prinzessin Caroline von Monaco kein Gespräch mit BUNTE geführt hat. – Der Verlag

Richtigstellung

Auf Seite 1 der Ausgabe vom 21. Mai 1992 hatte BUNTE neben einem Titelfoto, das Prinzessin Caroline von Monaco, Herrn Vincent Lindon und ein Kind zeigt, geschrieben »Caroline. Ich habe wieder eine Familie«. Der dadurch erweckte Eindruck, dass Prinzessin Caroline von Monaco gesagt hätte »Ich habe wieder eine Familie« ist unrichtig. Unrichtig ist auch die Behauptung, dass das abgedruckte Titelfoto »aus dem neuen Familienalbum« der Prinzessin Caroline von Monaco stammen würde. – Der Verlag

Eine Berichtigung kann immer dann verlangt werden, wenn – wie bei der Gegendarstellung schon erläutert – eine Tatsache falsch dargestellt worden ist. Gegen Meinungen und Ansichten, Wertungen, Spekulationen und Beleidigungen sind Berichtigungen nicht möglich.

Im Grunde sind Richtigstellung und Widerruf nur zwei Namen für dieselbe Sache. Allerdings ist der Widerruf die härtere, die Richtigstellung die etwas mildere Form der Berichtigung. Beim Widerruf war die berichtete Tatsache schon dem Grunde nach völlig falsch (Caroline hat der Bunten niemals ein Interview gegeben).

Bei der Richtigstellung hingegen kann der Verlag wenigstens noch darauf verweisen, dass beim Leser durch Entstellung dem Grunde nach richtiger Tatsachen ein falscher Eindruck erweckt wurde (die Fotos auf dem Titel der Bunten zeigten ja tatsächlich Prinzessin Caroline und ein Baby, allerdings war der zwingende Schluss ein völlig falscher).

Der Berichtigungsanspruch ist ebenfalls wie bei der Gegendarstellung dann nicht mehr durchsetzbar, wenn der Verlag den Fehler bereits selbst richtig gestellt hat.

Allerdings: Der Abdruck einer Gegendarstellung ist grundsätzlich kein Hindernis, auch eine Berichtigung durchzusetzen. Denn die Gegendarstellung wird nicht vom Verlag, sondern vom Betroffenen formuliert, muss nicht der Wahr-

heit entsprechen und erlaubt den Redaktionsschwanz. Somit hat die Gegendarstellung erheblich weniger Kraft als die Berichtigung. Die Berichtigung kann aber nur dann durchgesetzt werden, wenn die berichtete Tatsache wirklich falsch war.

Zudem dauert die Durchsetzung einer Berichtigung in der Regel erheblich länger als die einer Gegendarstellung. Denn bei der Berichtigung kann vor Gericht durch alle Instanzen darüber gestritten werden, ob es sich bei der angegriffenen Meldung überhaupt um eine Tatsachenbehauptung handelt (s. o.) oder um eine bloße Meinungsäußerung und ob diese Tatsachenbehauptung auch wirklich nicht der Wahrheit entsprach. Bei der Gegendarstellung ist nur eine Art Schnellverfahren möglich, und das nur in einer Instanz (so genanntes Verfügungsverfahren).

Wie bei der Gegendarstellung muss auch die Berichtigung auf der gleichen Seite an der gleichen Stelle erscheinen wie der fehlerhafte Bericht bzw. die falsche Mitteilung. Darum konnte Caroline von Monaco den Widerruf auf der Titelseite durchsetzen. Das wäre nach der Rechtslage auch schon früher in anderen Fällen möglich gewesen, aber wurde offenbar bis dahin noch nicht mit dem nötigen Nachdruck verfolgt.

(Der Anspruch auf Berichtigung ergibt sich aus § 823 Absatz 1 und § 1004 Absatz 1 des Bürgerlichen Gesetzbuches.)

Die Standesregeln verlangen die Richtigstellung sogar ohne Verlangen des Betroffenen:

Ziffer 3 Pressekodex

Veröffentlichte Nachrichten oder Behauptungen, die sich nachträglich als falsch erweisen, hat das Publikationsorgan, das sie gebracht hat, unverzüglich und von sich aus in angemessener Weise richtig zu stellen.

4.4.2 *Nichtaufrechterhaltung einer Behauptung*

Wurde eine falsche Behauptung aufgestellt, deren Wahrheit oder Unwahrheit nicht bewiesen ist und die durch die Wahrnehmung berechtigter Interessen gedeckt war (siehe oben Kapitel 1.1.3.), und stellt sich später heraus, dass alle Anhaltspunkte gegen die Behauptung sprechen, aber deren Unwahrheit noch immer im Dunkeln liegt, so muss nur die mildeste Form der Berichtigung abgedruckt werden: die Erklärung, dass eine Behauptung nicht länger aufrechterhalten wird. Hier muss also berichtigt werden, obwohl der Bericht gedruckt werden durfte.

4.4.3 *Distanzierung*

Die Distanzierung kommt dann in Betracht, wenn die falsche Tatsache nicht von der Redaktion selbst geäußert wurde, sondern von einem Dritten (Interviewten, Zitierten) stammt und von der Zeitschrift verbreitet wurde, ohne dass sich der Verlag bereits in dem Interview oder dem Bericht von der Äußerung distanziert hatte (siehe dazu oben Kapitel 1.3).

4.4.4 *Klarstellung*

Ähnlich wie die Nichtaufrechterhaltung einer Behauptung ist die Klarstellung nicht die Folge einer unzulässigen Berichterstattung, sondern die Folge davon, dass sich ein zulässiger Bericht später als unzutreffend erweist.

Das Bundesverfassungsgericht hat entschieden, dass bei einem Bericht über ein Strafverfahren auch der überraschende Freispruch gemeldet werden muss, wenn ausführlich über den Tatvorwurf berichtet worden ist. (Az. 1 BvR 765/97)

Der STERN hatte im Juli 1991 über einen aufsehenerregenden Mord berichtet. In dem Bericht wurde geschildert, dass einer der Täter, ein Jugendlicher, jahrelang von seinem Vater sexuell missbraucht worden war. Außerdem soll der Vater auch einen Freund seines Sohnes missbraucht haben. Der Bericht beruhte auf der Aussage des Täters und dem Geständnis des Vaters. In dem Verfahren gegen den Vater wegen sexuellen Missbrauchs widerrief der Vater aber sein Geständnis, und der Sohn zog seine Aussage zurück. Daraufhin wurde der Vater wegen Mangels an Beweisen freigesprochen. Der Vater verlangte vom STERN, dass er den Freispruch melde. Der STERN weigerte sich. Das Landgericht wies die Klage des Vaters ab, das Oberlandesgericht Hamburg hingegen verurteile den STERN in der Berufung zum Abdruck. Dagegen legte der STERN Verfassungsbeschwerde ein – ohne Erfolg. Die Klarstellung sei der faire Ausgleich dafür, dass die Presse über das Strafverfahren berichten dürfe, auch wenn ein Verlag grundsätzlich das Recht habe, den Inhalt seiner Zeitschrift selbst zu gestalten und eine frühere Berichterstattung nicht fortsetzen müsse:

»...Eine übermäßige Beeinträchtigung der Pressefreiheit liegt darin nicht. Das ergibt sich aus der Eigenart der Verdachtsberichterstattung. Einerseits könnte die Presse, wenn ihr jede Verdachtsberichterstattung untersagt wäre, ihre Informations- und Kontrollfunktion (..) nicht ausreichend erfüllen. Andererseits birgt eine Verdachtsbericht-

> *erstattung stets das Risiko der Unrichtigkeit in sich. Das*
> *gilt insbesondere beim Bericht über Vorfälle, die Gegen-*
> *stand gerichtlicher Aufklärung werden. Es ist dann verfas-*
> *sungsrechtlich nicht zu beanstanden, wenn die Gerichte*
> *den erforderlichen Ausgleich zwischen Pressefreiheit und*
> *Persönlichkeitsrecht dadurch herbeiführen, dass sie dem*
> *Betroffenen das Recht zubilligen, eine ergänzende Mittei-*
> *lung über den für ihn günstigen Ausgang des Strafverfah-*
> *rens zu erlangen. ...«*

Eine Klarstellung könne allerdings nur ausnahmsweise verlangt werden, entschied das Landgericht Hamburg später in
einem anderen Fall. Nur dann, wenn das Strafverfahren
endgültig und zweifelsfrei anders ausgegangen sei als zuvor
berichtet. Eine Klarstellung müsse nicht abgedruckt werden, wenn nur die Staatsanwaltschaft das Ermittlungsverfahren eingestellt habe, aber die Verdachtsmomente weiter
bestünden oder das Verfahren wegen neuer Verdachtsmomente wieder aufgegriffen werden könne. Sonst sei ein Verlag erheblich in seiner Pressefreiheit eingeschränkt, weil er
in vielen Fällen nicht mehr selbst entscheiden könne, ob er
über ein Strafverfahren weiter berichten wolle oder nicht.

4.5   *Schadenersatz*

Einen Schaden haben bedeutet finanziellen Verlust erleiden. Der Betroffene muss also wegen der Presseveröffentlichung ein Minus in der Kasse haben.

Fälle des Schadenersatzes bei Presserechtsverstößen sind
überwiegend

❏ entgangener Gewinn eines Unternehmers oder Freibe-
ruflers (Anwaltes, Arztes, Architekten), weil er durch einen Bericht ins schlechte Licht gerückt wurde und die
Kunden und damit der übliche Umsatz ausblieb

❏ Arbeitsplatzverlust bei einem Angestellten

❏ ein Fotohonorar (juristisch genauer: Lizenzgebühr),
wenn für ein unerlaubt abgedrucktes Foto üblicherweise ein Honorar bezahlt worden wäre. Das ist immer der
Fall, wenn ein Foto zu Werbezwecken missbraucht wird
(s.o. 1.9.2).

Die häufigsten Fälle des entgangenen Gewinns betreffen
negative Berichte über Produkte oder Dienstleistungen, insbesondere über Restaurants. Berichte über Produkte, insbesondere Warentests, und Restaurantkritik sind daher
sehr sorgfältig nach den oben (Kapitel 1.8) beschriebenen
Kriterien zu erstellen.

4.6 *Schmerzensgeld*

Das bisher höchste Schmerzensgeld wegen einer Persönlichkeitsrechtsverletzung durch die Presse hat das Oberlandesgericht Hamburg am 25. Juli 1996 Prinzessin Caroline
von Monaco zugesprochen: 180 000 Mark musste der Bur-
da-Verlag zahlen. Und zwar wegen des in Kapitel 4.4 erwähnten erfundenen Interviews und des Titelbildes in der
BUNTEN, aber auch wegen der auch schon erwähnten Fotomontage auf dem Titelbild der GLÜCKSREVUE (Kapitel
1.1.2).

Voraussetzung für den Anspruch auf Schmerzensgeld ist nicht nur die bloße unberechtigte oder falsche Berichterstattung und Bildveröffentlichung, es müssen vielmehr drei weitere Kriterien gegeben sein:

❏ der Verlag bzw. Autor oder Fotograf muss seine journalistische Sorgfalt grob schuldhaft verletzt haben,

❏ die Verletzung des Persönlichkeitsrechtes muss besonders schwerwiegend sein.

und

❏ der Schaden am Persönlichkeitsrecht kann auf andere Weise nicht wieder gutgemacht werden, insbesondere nicht allein mit Berichtigung und Gegendarstellung, was bei unzulässigen Fotos fast immer der Fall ist.

Diese Kriterien waren in den dargestellten Veröffentlichungen in der BUNTEN über Prinzessin Caroline deshalb gegeben, weil

❏ der Verlag wissentlich falsch berichtete und damit unter vorsätzlichem Rechtsbruch die Persönlichkeit der Betroffenen als Mittel zur Auflagensteigerung eingesetzt hat und die Betroffene gegen ihren Willen vermarktet werden könnte, also einer Art Zwangskommerzialisierung ausgesetzt würde, wenn der Verlag kein spürbares Schmerzensgeld zahlen müsste.

Die Höhe des Schmerzensgeldes muss daher eine echte Hemmschwelle für die unzulässige Vermarktung einer Person zu kommerziellen Zwecken sein.

Dass die Hemmschwelle für die BUNTE besonders hoch sein musste, ergibt sich auch daraus, wie dreist die BUNTE damals log: In dem frei erfundenen Interview mit Prinzessin Caroline legte die BUNTE ihr frech in den Mund, sie mache in der BUNTEN eine einzige Ausnahme von ihrer Weigerung, Interviews zu geben.

Und: Auf dem Titelblatt wurde das Titelfoto, das ein Paparazzi geschossen hatte, als eines aus dem Familienalbum der Prinzessin bezeichnet. Dadurch wurde der Eindruck erweckt, Prinzessin Caroline habe der BUNTEN das Foto überlassen und der Zeitschrift damit höchstes Vertrauen geschenkt

Der Fall von Prinzessin Caroline ist aber ein besonders herausragender Fall. Bei alltäglicheren Verstößen sind die beiden oben genannten Kriterien in der Regel dann konkret erfüllt, wenn

❏ der Verlag oder der Autor wissentlich unzulässige Berichte oder Bilder veröffentlicht

und dabei

❏ besonders sensible oder private Bereiche des Betroffenen berührt werden, z.B. schlimme Krankheiten, Intimleben, Nacktfotos, Vorstrafen, Strafverfahren – Bereiche also, von denen ein Durchschnittsmensch normalerweise nicht möchte, dass die Öffentlichkeit darüber erfährt,

oder

❏ peinliche Geschichten über den Betroffenen erfunden werden, wie zum Beispiel der oben in Kapitel 1.9.1 dargestellte Bericht in einem Erotikmagazin über angebliche Frühlingserlebnisse einer Sachbearbeiterin,

oder

❑ auch meist, wenn dem Betroffenen falsche Zitate in den Mund gelegt oder vollständig erfunden werden

Auch bei mehreren für sich allein betrachtet noch nicht schwerwiegenden Sorgfaltspflichtverstößen und Persönlichkeitsrechtsverletzungen kann wegen des Kumulationsgedankens insgesamt eine Verletzung vorliegen, die zum Schmerzensgeld führt.

Der Bundesgerichtshof hat 1995 im Falle des Sohnes von Prinzessin Caroline entschieden, dass er Anspruch auf Schmerzensgeld habe, weil ein Verlag mehrfach in verschiedenen Zeitschriften unzulässigerweise Bilder von ihm allein auf dem Weg zur Schule, beim Fußballspielen und am Strand abgedruckt hatte (Das Kind eines Prominenten ist nicht automatisch auch eine Person der Zeitgeschichte, siehe oben Kapitel 1.1. und 1.9.1).

Die Höhe des Schmerzensgeldes richtet sich üblicherweise nach der Schwere der Persönlichkeitsrechtsverletzung, z.B., wie sehr man die Privatsphäre verletzt hat oder inwieweit der Betroffene erkennbar war, (wenn er z.B. wegen eines Augenbalkens auf dem Foto nur für seine Bekannten erkennbar war) oder wenn der Verlag die Sache, z.B. bei erfundenen Geschichten alsbald öffentlich richtig stellt.

5   *Die Verantwortlichen*

5.1   *Der verantwortliche Redakteur*

Wer verantwortlicher Redakteur ist, muss als solcher im Impressum bezeichnet werden.

Er ist zunächst (neben dem Verleger) Adressat für die Gegendarstellung.

Außerdem haftet er für Straftaten, die mittels der Zeitung oder Zeitschrift begangen werden – also in erster Linie für Beleidigungen, Verleumdungen und Ähnliches, die in Beiträgen enthalten sind – und die er vorsätzlich oder fahrlässig nicht verhindert hat. Daher nennt man den verantwortlichen Redakteur manchmal »Sitzredakteur«, weil er möglicherweise für Verfehlungen der Autoren hinter Gitter muss.

Für Schadenersatz und Schmerzensgeld haftet der verantwortliche Redakteur nur aufgrund dieser Funktion grundsätzlich nicht. Nur wenn er selbst die Persönlichkeitsrechtsverletzung mitzuverantworten hat, weil er als Mitverfasser an dem Artikel beteiligt war oder weil er die Aufgabe hatte, den Artikel auf Persönlichkeitsrechtsverletzungen hin zu überprüfen.

Ausnahmsweise muss er unter Umständen auch wegen seiner Funktion als verantwortlicher Redakteur Schadenersatz und Schmerzensgeld zahlen, wenn ein Betroffener z.B. wegen einer groben Beleidigung (also einer Straftat, über die der verantwortliche Redakteur wachen muss) und damit einer schweren Persönlichkeitsrechtsverletzung Schmerzensgeld verlangt. Der verantwortliche Redakteur haftet dann über den Umweg der zivilrechtlichen Deliktshaftung für den Schaden, weil er ein so genanntes Schutzgesetz i. S. d. § 823 Absatz 2 des Bürgerlichen Gesetzbuches verletzt hat, als er in der Zeitung die Beleidigung zuließ.

5.2 Der Chefredakteur

Er haftet für Straftaten nur dann, wenn er selbst an dem betreffenden Beitrag beteiligt war. Je kleiner die Zeitung und je mehr der Chefredakteur die Beiträge selbst redigiert oder zur Kontrolle liest, umso eher ist er mitverantwortlich. Bei großen Zeitungen, wo der Chefredakteur nicht mehr an den Beiträgen konkret beteiligt ist, kann eine Verantwortlichkeit nicht angenommen werden.

Für Schadenersatz und Schmerzensgeld kann er auch nur dann in Anspruch genommen werden, wenn er an dem betreffenden Beitrag selbst beteiligt war.

Für die Gegendarstellung ist er nur dann Adressat, wenn er auch gleichzeitig verantwortlicher Redakteur ist, also als solcher im Impressum genannt ist.

5.3 Der Herausgeber

Hier gilt das Gleiche wie beim Chefredakteur. Er trägt nur allein aufgrund seiner Stellung oder Funktion keinerlei Verantwortung. Nur als Beteiligter an einem Beitrag kann er haften.

5.4 *Der Verleger*

Er ist neben dem verantwortlichen Redakteur Adressat für die Gegendarstellung, aber auch für alle zivilrechtlichen Ansprüche: für die Unterlassungserklärung, für die Berichtigung, für Schadenersatz und Schmerzensgeld. Dafür sind aber auch die Verfasser verantwortlich. Das heißt, der Betroffene kann alle zivilrechtlichen Ansprüche gegen den Verfasser und den Verleger geltend machen.

Der Verleger haftet – wie der Chefredakteur – für Straftaten nur dann, wenn er selbst daran beteiligt war.

Auch für das Impressum ist der Verleger verantwortlich. Er muss dafür sorgen, dass es in jeder Ausgabe enthalten ist. Darin müssen mindestens ein verantwortlicher Redakteur und der Verlag sowie der Drucker genannt sein.

5.5 *Der Autor und andere Beteiligte*

Der Autor haftet strafrechtlich neben dem verantwortlichen Redakteur für alles, was in seinem Beitrag geschrieben steht – soweit es von ihm stammt und ihm nicht hineinredigiert wurde. Das gilt aber auch für jeden anderen Beteiligten, wenn er an der betreffenden Darstellung mitgewirkt hat, gleich ob als Informant, Rechercheur oder redigierender Redakteur oder betreuender Redakteur eines freien Mitarbeiters.

Alle Beteiligten haften ebenso zivilrechtlich für Schadenersatz und Schmerzensgeld.

5.6   *Verantwortlicher Redakteur für Anzeigen*

Auch Anzeigen müssen von strafbarem Inhalt frei gehalten werden (siehe Kapitel 7.3). Sie können ebenso wie der redaktionelle Teil Beleidigungen oder verbotene Pornografie enthalten. Daher verlangen die Landespressegesetze für die Anzeigen die Benennung eines verantwortlichen Redakteurs, der bezüglich der Anzeigen gleichermaßen haftet wie der redaktionell verantwortliche Redakteur für redaktionelle Beiträge.

6 Die Recherche

6.1 Auskunftspflicht gegenüber der Presse

Privatleute müssen der Presse nichts sagen. Und damit ist dazu auch alles gesagt.

Alle Behörden oder sonstige staatliche Einrichtungen sind aber nach den Landespressegesetzen dazu verpflichtet, der Presse Auskunft zu geben. Behörden müssen auf Fragen der Presse antworten – wie umfangreich ist allerdings mehr oder weniger ihnen überlassen: Es richtet sich nach dem pflichtgemäßen Ermessen der Behörde. Grundsätzlich muss die Frage im Wesentlichen vollständig beantwortet werden. Zu Absichten, Hintergründen oder Motiven ihrer Mitarbeiter bei einem Verwaltungshandeln muss die Behörde aber keine Auskunft geben. Die Auskunft als solche kann gerichtlich eingeklagt werden, der Umfang aber nur in sehr eingeschränktem Maße.

Das Bundesverwaltungsgericht (Az. 7 C 139/81) hat die Auskunftspflicht der Behörden gegenüber der Presse so umschrieben:

Mit der Gewährleistung der Pressefreiheit trägt das Grundgesetz der besonderen Bedeutung der Presse in einem freiheitlichen demokratischen Staatswesen Rechnung. Es schützt und sichert die Aufgabe der Presse, an dem Prozess der Bildung der öffentlichen Meinung teilzunehmen und dadurch an der politischen Willensbildung des Volkes mitzuwirken. Daraus folgt die Pflicht des Staates, diese Aufgabe der Presse zu respektieren. Hierzu gehört auch die Pflicht zur Erteilung von Auskünften.

*Einer freiheitlich-demokratischen Grundordnung entspricht ein Verhalten der Behörden, das in Angelegenheiten von öffentlichem Interesse **von Offenheit geprägt** ist. Es erfordert die Bereitschaft, dem Bürger diese Angelegenheiten dadurch durchsichtig zu machen, dass der Presse (wie auch anderen Medien) durch eine **großzügige Informationspolitik** eine genaue und gründliche Berichterstattung ermöglicht wird (Hervorhebungen vom Verfasser).*

Eine Behörde, die der Presse Auskunft verweigert, obwohl der Erteilung ein durchgreifender Grund nicht entgegensteht, wird der ihr vom Gesetzgeber auferlegten Pflicht nicht gerecht.

Bei besonders heiklen Fragen zu besonders heiklen Themen kann sich die Behörde auf Geheimhaltungspflichten zurückziehen. Dies wäre ein »besonders durchgreifender Grund«.

Bei Auskünften müssen alle gleichbehandelt werden. Eine Behörde darf also dem SPIEGEL nicht etwas sagen und es dann FOCUS vorenthalten – falls FOCUS danach fragt.

Sie dürfen einem Presseorgan auch nicht einen Aktualitätsvorsprung geben, indem sie ihm Pressemitteilungen früher zuleiten als anderen. Eine Zeitschrift oder ein Sender, der sich so von einer Behörde begünstigen lässt, begeht gegenüber den anderen Presseorganen einen Wettbewerbsverstoß.

Behörden können Auskünfte auf Anfragen nicht damit ablehnen, dass das konkrete Presseorgan nicht verantwortungsvoll und kompetent mit den Auskünften umgehe.

Das Oberverwaltungsgericht des Saarlandes hat entschieden, dass auch privatrechtlich organisierte öffentliche Stellen, die aber staatliche Aufgaben wahrnehmen, auf Anfragen der Presse Auskunft geben müssen, wie in dem konkreten Fall die Saarbrücker Parkhausgesellschaft.

§ 4 des Sächsischen Pressegesetzes

(als Beispiel für die entsprechende Regelung der anderen Landespressegesetze, in denen wörtlich oder sinngemäß das Gleiche steht)

(1) Alle Behörden sind verpflichtet, den Vertretern der Presse und des Rundfunks, die sich als solche ausweisen, die der Erfüllung ihrer öffentlichen Aufgabe dienenden Auskünfte zu erteilen, sofern nicht dieses Gesetz oder allgemeine Rechtsvorschriften dem entgegenstehen.
Das Recht auf Auskunft kann nur gegenüber dem Behördenleiter oder dem von ihm Beauftragten geltend gemacht werden.

(2) Die Auskunft darf verweigert werden, wenn und soweit
1. Vorschriften über die Geheimhaltung und über den Persönlichkeitsschutz entgegenstehen
2. durch sie die sachgemäße Durchführung eines schwebenden Verfahrens vereitelt, erschwert, verzögert oder gefährdet werden könnte
3. durch sie ein überwiegendes öffentliches Interesse oder ein schutzwürdiges privates Interesse verletzt würde oder
4. ihr Umfang das zumutbare Maß überschreitet

(3) Allgemeine Anordnungen, die einer Behörde Auskünfte verbieten, sind unzulässig.

(4) Der Verleger einer Zeitung oder einer Zeitschrift kann von den Behörden verlangen, dass ihm deren amtliche Verlautbarungen gleichzeitig mit seinen Mitbewerbern zugänglich gemacht werden.

...

6.2 Mitschneiden und Mithören von Telefonaten

In vielen Redaktionen gehört es zum Alltag, Telefongespräche mit Informanten mitzuschneiden oder von einem Dritten mithören zu lassen. Doch hierfür gelten strenge gesetzliche Regeln.

6.2.1 Mitschneiden

Telefongespräche mitzuschneiden ist grundsätzlich verboten.

Erlaubt ist es nur dann, wenn der andere Teilnehmer

❑ zuvor ausdrücklich in das Mitschneiden eingewilligt hat

oder

❑ zur Allgemeinheit spricht, z.B. bei einem Rundfunkinterview via Telefon

Nur in extremen Ausnahmefällen kann Mitschneiden auch erlaubt sein, wenn

❏ Informationen über Missstände von ganz erheblicher Bedeutung nicht auf andere Art und Weise dokumentiert werden können

und

❏ diese Informationen von außerordentlichem, überragend hohem öffentlichen Interesse sind

Das heißt: Es muss schon um einen ganz dicken Politik- oder Wirtschaftsskandal gehen, der die gesamte Bevölkerung interessiert, ja erschüttert, wie etwa die Barschel-Affäre, und die Informationen anders als durch Mitschneiden nicht festgehalten werden können – auch nicht durch Mithörenlassen von Kollegen, wie in Kapitel 6.2.2 beschrieben.

Die Frage, ob ein extremer Ausnahmefall vorliegt, der das Mitschneiden ausnahmsweise erlaubt, sollte unbedingt nur mit juristischer Beratung und Unterstützung entschieden werden.

Mitschneiden im Alltagsgeschäft ohne Einwilligung ist also grundsätzlich nicht erlaubt – auch nicht, wenn man mit einem Pressesprecher telefoniert. Dessen Aussagen gegenüber einem Journalisten am Telefon sind zwar letztlich für die Öffentlichkeit bestimmt, aber das Telefongespräch selbst ist nicht öffentlich, denn er spricht nicht vor einer unbestimmten Zahl von Zuhörern, wie beispielsweise auf einer Pressekonferenz, sondern nur zu dem einen Journalisten am Telefon.

Der Bundesgerichtshof hat dazu Folgendes gesagt:

Für mündliche Aussagen, insbesondere in einem Gespräch unter vier Augen oder Telefongespräch, ist charakteris-

> *tisch, dass sie im Bewusstsein der Flüchtigkeit des gesprochenen Wortes und seiner jederzeitigen Korrigierbarkeit gemacht werden. ... Deshalb greift die Fixierung und Konservierung auch eines nur mit geschäftlichen Dingen befassten Telefongesprächs in einer Tonbandaufnahme in das Recht zur Selbstbestimmung über das gesprochene Wort so intensiv ein, dass die Aufzeichnung nur mit Einwilligung des Betroffenen als rechtmäßig anzusehen ist.*

Wer unerlaubt mitschneidet – auch andere nicht-öffentliche Gespräche, nicht nur Telefonate –, begeht eine Straftat nach § 201 des Strafgesetzbuches (»Verletzung der Vertraulichkeit des Wortes«).

Übrigens: Unerlaubte Mitschnitte dürfen bei späteren Auseinandersetzungen vor Gericht (z.B. wegen Widerrufs, Unterlassung oder Schadenersatz) nicht als Beweismittel verwendet werden. Es nutzt nichts, sich auf sie zu berufen, wenn der Informant später alles abstreitet. Es sind andere Möglichkeiten zu suchen, zum Beispiel das Mithörenlassen, um gegebenenfalls später durch den mithörenden Zeugen beweisen zu können, was der Informant mitgeteilt hat.

6.2.2 *Mithören*

Telefongespräche von einem anderen, z.B. Kollegen, über Lautsprecher oder eine zweite Muschel mithören zu lassen, ist im geschäftlichen Verkehr von Geschäftspartner zu Geschäftspartner grundsätzlich erlaubt.

Das bedeutet: Wer mit einem Pressesprecher oder einem anderen, der des Öfteren mit der Presse oder der Öffentlichkeit zu tun hat, telefoniert, darf einen Kollegen mithören lassen, ohne ausdrücklich um eine Einwilligung zu bitten.

Wer allerdings mit Lieschen Müller telefoniert, die noch nie mit der Presse oder Öffentlichkeit zu tun hatte, muss dieselben Maßstäbe beachten, wie oben beim Mitschneiden erläutert. Bei Sachen von großer Bedeutung darf ausnahmsweise auch hier ohne Erlaubnis mitgehört werden. Es empfiehlt sich, vor einer wichtigen Telefonrecherche bei Lieschen Müller kurz Rücksprache mit dem Justitiar zu halten, um spätere Beweisprobleme zu vermeiden.

6.3 Maulwurf spielen

Der Name Günter Wallraff steht für eine besondere Form des investigativen Journalisten oder Autors: der des Einschleichers.

Bei den Recherchen für sein Buch »Der Aufmacher«, das die journalistischen Praktiken der BILD-Zeitung beleuchtet, hatte er sich unter dem Namen Hans Esser in die Redaktion der BILD-Zeitung eingeschlichen.

Das Bundesverfassungsgericht hat dazu sinngemäß Folgendes entschieden:

❏ In Fällen von überragendem öffentlichem Interesse besteht ein Recht auf Berichterstattung/Informationsverbreitung. Die Reportage oder das Buch darf also gedruckt und verbreitet werden.

❏ Aber: Verletzt der Reporter bei seiner Recherche – bei der Informationsbeschaffung – Gesetze, etwa Straftat-

bestände oder Arbeitsrecht (gegenüber dem Arbeitgeber, bei dem er eingeschlichen ist), so ist er nicht durch
die Recherche gerechtfertigt. Er muss alle Konsequen-
zen seines Handelns tragen. Das Verfassungsgericht
hat »nur« den Abdruck der recherchierten Geschichte in
Ausnahmefällen für zulässig erklärt, nicht die Recherche als solche.

Das Bundesverfassungsgericht hat im Fall Wallraff lediglich
untersagt, die Passagen des Buches zu veröffentlichen, die
den Ablauf der Redaktionskonferenz wieder geben, weil die
besondere Vertraulichkeit der Konferenz das Abdruckinter-
esse wiederum überwiege.

6.4   *Abkupfern*

6.4.1 *bei Kollegen*

Grundsätzlich ist Abschreiben natürlich verboten. Fremde
Texte sind aber als Quellen durchaus verwendbar. Selbstverständlich darf man aufgrund eines fremden Artikels eigene Recherchen anstellen und dann mit dem Selbstre-
cherchierten einen eigenen, ähnlichen Artikel zum selben
Thema schreiben.

Es ist auch erlaubt, kurze Passagen aus einem fremden Text
bzw. von einem anderen Autor zu zitieren, wenn man dabei
die Quelle nennt. Nicht erlaubt ist es aber, lange Passagen
eines Textes oder gar den ganzen Text zu übernehmen,
selbst wenn man die Quelle angibt (Ausnahme: in wissen-
schaftlichen Werken). Das wäre zu einfach. Ausnahmsweise

darf ein Bericht auch in längeren Auszügen zitiert werden, wenn der Bericht bzw. die zitierte Passage gerade die Neuigkeit ist, wenn also sie zum Beispiel für großes Aufsehen gesorgt hat.

Ob kurzes oder langes Zitat: Es darf im Verhältnis zum gesamten Bericht nur eine untergeordnete Rolle spielen. Das Zitat bzw. die Summe der Zitate muss deutlich kürzer sein als der Rest des Textes. Die Zitate dürfen eigene Ausführungen nicht ersetzen, sondern nur ergänzen.

Erlaubt ist es aber, eine so genannte Presseschau aufzustellen, in denen Zeitungen einzelne Artikel anderer Zeitungen zu bestimmten Themen in kurzen Auszügen in einer Rubrik zitieren.

Auch eine Sammlung vieler Artikel zu einem Thema in einem so genannten Pressespiegel (zusammenkopierte Artikel) ist unter gewissen Umständen gestattet. Beachtet werden muss dabei:

❑ Nur einzelne Artikel aus jeder Zeitung dürfen in den Pressespiegel aufgenommen werden,

❑ Diese dürfen ausschließlich politische, wirtschaftliche oder religiöse Fragen betreffen und

❑ Nur solche Artikel dürfen kopiert werden, die tagesaktuell geschrieben sind, also keine Hintergrundberichte, Features oder längere Reportagen, die von bleibendem Wert sind. Daher dürfen Berichte aus Zeitschriften in der Regel nicht gesammelt werden. (Das ist in § 49 Urheberrechtsgesetz geregelt).

Bloße Nachrichten als solche sind selbstverständlich stets ohne Einschränkungen zitierbar. Die nackte Nachricht, dass Marcello Mastroianni gestorben ist, darf man bedenkenlos übernehmen, nicht aber die Meinung oder die ergänzenden Wertungen der Zeitung oder Zeitschrift.

6.4.2 *aus amtlichen Akten und Werken*

Urheberrechlich nicht geschützt, sondern gemeinfrei sind veröffentlichte Gerichtsurteile. Allerdings nur in der Form, wie das Gericht sie formuliert hat. Wenn sie bereits von einem Dritten bearbeitet und dadurch verändert worden sind, hat der Bearbeiter Urheberrechte daran; das ist zu beachten, wenn ein Urteil zum Beispiel aus einer juristischen Fachzeitschrift übernommen wird, aber natürlich auch dann, wenn es aus einer anderen Zeitung abgeschrieben wird.

Ebenfalls nicht geschützt sind Gesetze, Verordnungen, amtliche Erlasse und Bekanntmachungen sowie andere amtliche Werke, die im amtlichen Interesse für die Allgemeinheit veröffentlicht worden sind, z.B. Merkblätter, Informationsbroschüren und sogar Informationsfilme. Auch DIN-Normen zählen dazu. Dass solche Werke nach § 5 UrhG gemeinfrei sind, hat den Sinn, sie möglichst weit verbreiten zu können, damit die Allgemeinheit sie zur Kenntnis nimmt.

Verboten ist es nach § 353 d Nr. 3 des Strafgesetzbuches, wörtlich aus Anklageschriften oder sonstigen Bestandteilen von Ermittlungsakten (im Straf- oder Ordnungswidrigkeitenverfahren) zu zitieren, bevor das Verfahren abgeschlossen ist. Die Vorschrift wurde im Rahmen eines Rechtsstreites des STERNs mit Flick (Spendenaffäre) vom Bundesverfassungsgericht als verfassungsgemäß eingestuft: Journalisten könnten ja durchaus sinngemäß bzw. zusammenfassend über die Anklage berichten. Wörtliche Zitate aus einer Anklage trügen eine besondere Authentizitäts- und Beweiskraft in sich und hätten daher eine viel schärfere Wirkung als die Zusammenfassung durch einen Journalisten.

Ebenso ist es nach § 44 Stasi-Unterlagen-Gesetz verboten, aus Stasi-Akten abzuschreiben. Allerdings darf das im Gegensatz zu den Anklageschriften dann geschehen, wenn der Betroffene oder, soweit in den Unterlagen auch noch andere Personen erwähnt sind, auch die erwähnten Dritten einwilligen.

6.4.3 *aus anderen Schriftstücken*

Auch aus anderen Schriftstücken darf in der Regel nicht einfach wörtlich abgeschrieben werden. Der Schriftsatz eines Anwalts etwa kann ein wissenschaftliches Werk und daher urheberrechtlich geschützt sein. Aber auch das Persönlichkeitsrecht kann dagegen sprechen, persönliche, nicht für andere, oder nur für einen speziellen kleinen Leserkreis bestimmte Notizen abzukupfern.

Allerdings können fremde Schriftstücke in einer Veröffentlichung verwendet oder sogar übernommen werden, wenn sie von zeitgeschichtlicher Bedeutung sind. Der Verteidiger des DDR-Regimekritikers Havemann – Gregor Gysi – musste es dulden, dass seine Berufungsschrift in einem Buch über den Havemann-Prozess im Wortlaut veröffentlicht worden ist (Oberlandesgericht Hamburg, Az. 3 U 34/99).

6.5   *Fotografieren und Filmen*

Pressefotos und Fernsehbilder, die nicht abgedruckt und gesendet werden dürfen, dürfen grundsätzlich schon nicht angefertigt werden (s. Kapitel 1.9, insbesondere 1.9.1). Das mag für einen Journalisten ungewöhnlich klingen, weil ja in der Regel erst später in der Redaktion entschieden wird, welche Fotos gedruckt werden sollen oder gedruckt werden dürfen. Es ist aber ständige Rechtsprechung – obwohl es dem Gesetz so nicht zu entnehmen ist (§ 22 Kunsturhebergesetz).

Gegen unzulässige Aufnahmen besteht unter Umständen ein Notwehrrecht: Der Fotografierte oder Gefilmte darf in angemessener Weise (mit möglichst sanften Mitteln) das Fotografieren oder Filmen verhindern, wenn die konkrete Gefahr besteht, dass die Bilder oder Filmaufnahmen unzulässigerweise veröffentlicht werden sollen, also eine Prüfung in der Redaktion sehr wahrscheinlich nicht mehr erfolgen wird. Der Betroffene darf dann dem Fotografen oder Kameramann die Kamera wegnehmen, wenn der sich weigert, mit dem Fotografieren oder Filmen aufzuhören. Wehrt sich der Fotograf, ist er im Unrecht.

In der Regel wird es aber – jedenfalls bei seriösen Zeitungen und Fernsehsendern – so sein, dass vor Veröffentlichung eine juristische Prüfung stattfindet. Das sieht auch die Rechtsprechung so, und daher ist eine Notwehrsituation meist nicht gegeben.

Polizisten dürfen bei verbotenen Aufnahmen auch den Film beschlagnahmen; denn die Veröffentlichung verbotener Fotos ist eine Straftat (§ 33 Kunsturhebergesetz). Allerdings darf der beschlagnahmte Film nicht ohne weiteres entwickelt werden; etwa um verbotene von erlaubten Filmen zu trennen und die erlaubten zurückzugeben. Das geht nur, wenn der Fotograf zustimmt. Die anderen Aufnahmen sind womöglich nicht für Polizistenaugen bestimmt.

Der Fotografierte kann bei unzulässigen Aufnahmen verlangen, dass die Negative, alle Abzüge und gegebenenfalls die Druckplatten vernichtet oder (zum Selbstkostenpreis) an ihn herausgegeben werden. (§ 37 ff. Kunsturhebergesetz).

Davon kann es aber Ausnahmen geben: Zunächst unzulässige Fotos dürfen archiviert werden, wenn sicher ist, dass der Fotografierte später einmal abgebildet werden darf, zum Beispiel, weil er als ältester Sohn eines Herrscherhauses später öffentliche Aufgaben übernehmen wird und dann eine absolute Person der Zeitgeschichte sein wird. Das hat das Oberlandesgericht Hamburg (Az. 7 U 177/95) entschieden. Es ging um Fotos vom ältesten Sohn von Prinzessin Caroline, der im Kindesalter nicht abgebildet werden darf (s.o. 1.9).

Aus einer laufenden **Gerichtsverhandlung** (dazu gehört auch die Urteilsverkündung) dürfen nach § 169 Satz 2 Gerichtsverfassungsgesetz keine Ton- und Filmaufnahmen gemacht werden. Diese Regelung ist im Zusammenhang mit den Prozessen gegen Erich Honecker, Erich Mielke und andere sowie gegen die Politbüromitglieder Erich Mückenberger, Egon Krenz und andere immer wieder von Rundfunk- und Fernsehstationen in Frage gestellt worden. Das Bundesverfassungsgericht hat die Vorschrift jedoch schließlich im Januar 1996 (Az. 1 BvR 2623/95) für verfassungsmäßig erklärt.

Das Gericht begründete das Verbot von Fernsehkameras und Tonbändern unter anderem so:

> *Die dabei zu befürchtenden Beeinträchtigungen gehen weit über die Beeinträchtigungen, die durch das im Saal anwesende Publikum hervorgerufen werden, hinaus. Dieses ist einerseits selbst in den unmittelbaren Erlebniszusammenhang einbezogen und kann andererseits von den Verfahrensbeteiligten wahrgenommen und eingeschätzt werden, was bei den Zuschauern von Fernsehaufnahmen nicht der Fall ist.*

> *Des Weiteren ist nicht auszuschließen, dass Fernsehaufnahmen während der Verhandlung die Wahrheits- und Rechtsfindung beeinträchtigen, der das Strafverfahren dient. (...) Sie können zu Störungen der Unbefangenheit aller Beteiligten bei der Wahl des jeweiligen Verhaltens und zu einer Anpassung an die durch die Ton- und Filmaufzeichnung veränderten Bedingungen führen, die über die Beeinträchtigung durch die unmittelbare Öffentlichkeit hinausgehen und als unerwünschte Nebeneffekte die vom Öffentlichkeitsgrundsatz angestrebte Verhaltenssteuerung überlagern.*

Allerdings dürfen Ton- und Filmaufnahmen außerhalb, also vor und nach der Verhandlung sowie bei Sitzungspausen gemacht werden, wenn der Vorsitzende Richter es gestattet. Er kann nach Abwägung aller Umstände – dem Informationsinteresse und der Störung der Ordnung im Saal oder Gefährdung der Verhandlung – Filmkameras und Tonbandgeräte zulassen oder nicht.

Das Bundesverfassungsgericht hatte die Anordnung des Vorsitzenden im Honecker-Prozess, dass Kameras und Recorder auch nicht außerhalb der laufenden Verhandlung zugelassen sind, für falsch befunden. Ein solcher Prozess sei von so überragendem historischen Interesse, dass Kameras außerhalb der laufenden Verhandlung zugelassen werden durften, allerdings nur im Rahmen einer so genannten Pool-Lösung, die die Ordnung im Saal nicht stört: Im Wechsel durfte jeden Tag nur ein Sender Aufnahmen der Angeklagten im Saal machen, der die Bilder dann jeweils an die anderen Sender kostenlos weitergab.

Das »Kruzifix-Verfahren« vor dem Bundesverwaltungsgericht hingegen war nach Auffassung des Bundesverfassungsgerichts nicht so wichtig, dass ebenfalls Kameras zulässig gewesen wären. Im Kruzifix-Verfahren ging es darum, ob in bayrischen Schulen Kruzifixe angebracht werden dürfen.

Fotoaufnahmen sind während der laufenden Verhandlung (ebenso wie außerhalb) nicht vom Gesetz absolut verboten, allerdings nur dann erlaubt, wenn der Vorsitzende Richter sie gestattet.

Militärische Einrichtungen dürfen nach dem Schutzbereichsgesetz nicht fotografiert werden, wenn sie mit entsprechenden Schildern als Schutzbereich gekennzeichnet sind (Meist: »Achtung militärischer Sicherheitsbereich – Fotografieren verboten!«).

6.6 *Zeugnisverweigerungsrecht*

Die Angehörigen der Presse – auch freie Mitarbeiter – können in einem Ermittlungsverfahren oder vor Gericht Angaben verweigern über

❑ Informanten

❑ Verfasser von Beiträgen

Geregelt ist das in § 53 Absatz 1 Nr. 5 der Strafprozessordnung und § 383 Absatz 1 Nr. 5 der Zivilprozessordnung.

Unterlagen, die diese Tabu-Bereiche betreffen, dürfen auch nicht beschlagnahmt werden. Sonst würde das Zeugnisverweigerungsrecht ausgehöhlt.

Dass Journalisten Informanten schützen dürfen, heisst nicht, dass sie es müssen. Das allerdings gebieten der Anstand und der Pressekodex:

Ziffer 5.1 Pressekodex

Hat der Informant die Verwertung seiner Mitteilung davon abhängig gemacht, dass er als Quelle unerkennbar oder ungefährdet bleibt, so ist diese Bedingung zu respektieren. Vertraulichkeit kann nur dann nicht bindend sein, wenn die Information ein Verbrechen betrifft und die Pflicht zur Anzeige besteht. Vertraulichkeit muss nicht gewahrt werden, wenn bei sorgfältiger Güter- und Interessenabwägung gewichtige staatspolitische Gründe überwiegen, insbesondere wenn die verfassungsmäßige Ordnung berührt oder gefährdet ist.

Journalisten müssen allerdings Auskunft geben über von ihnen selbst recherchiertes Material. Das kann dann gegebenenfalls beschlagnahmt werden.

Die Auskunft über selbstrecherchierte Tatsachen kann aber ausnahmsweise verweigert werden, wenn dadurch zwangsläufig ein Informant enttarnt würde, also das Selbstrecherchierte in untrennbarem Zusammenhang mit Informationen Dritter steht.

Verfasser von Beiträgen sind auch dann durch das Zeugnisverweigerungsrecht geschützt, wenn es Redakteure der Zeitung oder des Senders sind. Ein Journalist muss nicht preisgeben, welcher Kollege wie an einem Beitrag beteiligt war.

Gegenüber der Steuerfahndung hat die Presse ein Auskunftsverweigerungsrecht, soweit es den redaktionellen Teil des Blattes betrifft (§ 102 Absatz 1 Nr. 4 Abgabenordnung). Bezüglich des Anzeigenteils greift dieses Recht aber nicht, hat das Bundesverfassungsgericht entschieden (Az. 1 BvR 33/87). Die Anzeigenabteilung muss über Inserenten Auskunft geben, wenn die Steuerfahndung auf der Suche nach Steuersündern z.B. den Namen eines Inserenten wissen möchte, der offenbar an der Steuer vorbei Häuser verkauft.

7 Anzeigen

7.1 Kennzeichnung von Anzeigen

Es ist selbstverständlich, dass Anzeigen deutlich als solche gekennzeichnet werden müssen, um sie klar vom redaktionellen Teil zu unterscheiden – auch in so genannten Anzeigenblättern und auf Verlagssonderseiten.

Der Wunsch der Inserenten und Werbeagenturen geht dahin, redaktionellen Teil und Anzeigen graphisch miteinander verschwimmen zu lassen, so dass der Leser sie auf den ersten Blick nicht mehr zu unterscheiden vermag – vor allem bei Mode und Kosmetik.

Je mehr eine Anzeige wie redaktioneller Teil aussieht, desto deutlicher muss die Kennzeichnung sein. Immer häufiger sind Anzeigen in Typographie und Layout aufgemacht wie ein redaktioneller Textbeitrag. Eine solche Anzeige passt sich somit dem Blatt an, und der Leser soll glauben, es handle sich um einen Bericht der Zeitschrift. Diese »Anzeigen-Berichte« müssen besonders groß mit dem Wort Anzeige überschrieben werden.

Eine Berliner Zeitung hatte in ihrer Ausgabe vom 16. Oktober 1996 ein ganzes Buch (einen eigenen Zeitungsteil) beiliegen, das mit »Sporthaus-Premiere« tituliert war.

Darin wurde ausschließlich über die Eröffnung der beiden neuen Karstadt-Sporthäuser in Berlin berichtet, und zwar in genau der gleichen Form, der gleichen Schrift, der gleichen Aufmachung, wie sie für den übrigen redaktionellen Teil der

Zeitung verwendet wird. Diese Beilage war auf den ersten Blick von einem redaktionellen Zeitungsteil nicht zu unterscheiden. Die Fotos waren wie im redaktionellen Teil gesetzt und von Fotografen der Berliner Zeitung aufgenommen.

Jeder Text, jedes Foto war aber ausschließlich Werbung für Karstadt und die dort angebotenen Sportartikel. Der Eindruck des redaktionellen Charakters wurde noch dadurch verstärkt, dass tatsächlich auch übliche Anzeigen für die Sportartikel geschaltet worden waren, so dass auch noch eine scheinbare Trennung zwischen Redaktion und Anzeigen vorhanden war.

Beim genaueren Hinsehen fand sich dann (nur) auf der ersten Seite des Buches klein und verschämt unter dem Titel »Sporthaus-Premieren« der Untertitel »Verlagsbeilage«, der auf den Anzeigencharakter hinweisen sollte.

§ 10 Landespressegesetz Bremen

(als Beispiel für entsprechende Regelungen in allen anderen Landespressegesetzen)

Hat der Verleger eines periodischen Druckwerks für eine Veröffentlichung ein Entgelt erhalten, gefordert oder sich versprechen lassen, so hat er diese Veröffentlichung, soweit sie nicht schon durch Anordnung und Gestaltung allgemein als Anzeige zu erkennen ist, deutlich mit dem Wort »Anzeige« zu bezeichnen.

Eine Sonderbeilage, aufgemacht und gestaltet wie die redaktionellen Seiten soll die Leser über den Anzeigen-Charakter täuschen. Die deutliche Kennzeichnung als Anzeige fehlt.

7.2 *Schleichwerbung mit Anzeigen*

Noch besser ist es für Werbetreibende, wenn im redaktionellen Teil über ihre Produkte berichtet wird. Um finanzstarke Anzeigenkunden nicht zu verlieren, lassen sich manche Redaktionen dazu hinreißen, ohne jegliches öffentliche Interesse oder anderen journalistischen Grund, Produkte im redaktionellen Teil herauszustellen.

Aber nur diese beiden Gründe erlauben es, über Firmen und Produkte zu berichten. Dazu ist in Kapitel 1.6. bereits alles gesagt worden.

Doch selbst wenn Anzeigen deutlich gekennzeichnet sind und ein redaktioneller Bericht für sich allein gesehen keine Schleichwerbung ist, so kann die Kombination beider zur redaktionellen Werbung bzw. Schleichwerbung werden:

Am 8. April 1993 berichtete eine Zeitung in ihrem Sportteil über das UEFA-Cup-Spiel Borussia Dortmund gegen AJ Auxerre und brachte dabei ein Foto von Michael Rummenigge in Frontalansicht. Auf seinem Trikot war auf der Brustseite groß und deutlich der Name des Sponsors, eines Versicherungsunternehmens, zu lesen. Auf derselben Zeitungsseite befand sich gleich neben dem Foto eine Anzeige der Versicherung, in der gleichermaßen ihr Name groß und deutlich zu lesen war.

Das Kammergericht Berlin hat diese »gelungene« Kombination für unzulässig erklärt (Az. 5 U 6524/93).

Ist aber bereits der redaktionelle Beitrag Schleichwerbung, so ist jede im selben Heft abgedruckte große Anzeige für das betreffende Produkt eine Verstärkung der »Schleichwerbung«.

(Oberlandesgericht München, Az. 6 U 3460/95). Eine solche Kombination ist die Krönung der Schleichwerbung.

7.3 *Prüfung von Anzeigen*

Anzeigen müssen ebenso wie ein redaktioneller Beitrag von strafrechtlichem Inhalt freigehalten werden. Beleidigungen, Verleumdungen und pornografische Darstellungen dürfen nicht gedruckt werden.

Auch Sender dürfen und müssen ihre Werbeplätze von klar rechtswidrigen Spots freihalten: Wahlwerbespots, die das Persönlichkeitsrecht schwerwiegend verletzen, müssen nicht gesendet werden – selbst wenn der Sender grundsätzlich verpflichtet ist, Wahlwerbespots zu senden. Das hat das Oberlandesgericht Koblenz bezüglich eines Werbespots der »Republikaner« entschieden (Az. 4 U 1641/98). Darin waren Kurt Schumacher und Konrad Adenauer schwer verunglimpft worden, indem ihnen unter anderem unterstellt wurde, auch sie würden heute die »Republikaner« wählen.

Aber nicht nur das Strafrecht und Persönlichkeitsrecht setzt den Anzeigenkunden Grenzen: Vor allem groben und eindeutigen Verstößen gegen Wettbewerbsrecht muss die Anzeigenabteilung einen Riegel vorschieben. Bei Zweifeln an der Rechtmäßigkeit einer Anzeige, wenn also grobe Wettbewerbsverstöße nahe liegend sind, muss der Verlag die Anzeige genau prüfen.

Wettbewerbsverstöße wegen irreführender Werbung sind

vor allem bei Kosmetik und Schlankheitsmitteln weit verbreitet. Immer wieder versuchen einige Unternehmen dieser Branche, unseriöse Anzeigen mit haltlosen Versprechen zu schalten – Motto: Schön, schlank und jung in wenigen Tagen, ohne Qual und Mühe.

Wer das so oder ähnlich verspricht, der führt den Leser und potenziellen Kunden deutlich an der Nase herum. Denn nur zwei Mittel führen auf Dauer zur Gewichtsabnahme: weniger Essen und mehr Sport. Das hat jedenfalls das Kammergeicht Berlin mehrfach festgestellt und dabei betont, dass die Richter wüssten, wovon sie sprechen: Sie gehörten nämlich selbst zur Zielgruppe von Schlankheitswerbung.

Was da allerdings angeblich noch helfen soll und auf dem Markt angeboten wird, ist zum Teil so absurd, dass ein vernünftiger Mensch eigentlich nicht darauf hereinfallen kann: schlankmachende Einlegesohlen oder Ohrringe, Schlankheits-Wunderelixiere mit den schönsten Phantasienamen und elektrische Geräte, die mittels Stromfluss durchs Fettgewebe dieses verschwinden lassen oder gar in Muskeln umwandeln.

Solche eindeutig irreführenden Anzeigen dürfen nicht gedruckt werden, wenn der Verleger nicht selbst wegen der Verbreitung gesetzwidriger Inserate verantwortlich gemacht werden will.

Vor allem das Kammergericht Berlin hat sich immer wieder mit solchen irreführenden Anzeigen auseinander setzen müssen. (Berlin ist der Sitz des Bundesverbandes für Sozialen Wettbewerb, der über die Einhaltung wettbewerbsrechtlicher Vorschriften wacht und bei Verstößen die Nepper mittels Unterlassungsklagen vor Gericht zur Verantwortung zieht.)

Der Bundesgerichtshof hat die Prüfungspflicht der Anzeigenabteilung so formuliert:

> *Es ist in der Rechtsprechung des Bundesgerichtshofes anerkannt, dass der Verleger bei der Entgegennahme von Anzeigenaufträgen grundsätzlich zur Prüfung verpflichtet ist, ob die Veröffentlichung der Anzeige gegen gesetzliche Vorschriften verstößt.*

Diese Prüfungspflicht erstreckt sich jedoch nur auf grobe und eindeutige Wettbewerbsverstöße.

Als solchen hat der Bundesgerichtshof 1995 zum Beispiel den Vertrieb und damit auch die Werbung für Likörflaschen mit sexuell anzüglichen Motiven eingestuft:

> *Der Vertrieb von Likörflaschen mit Etikettierungen, auf denen die Bezeichnungen »Busengrabscher« bzw. »Schlüpferstürmer« mit sexuell anzüglichen Bilddarstellungen von Frauen verbunden sind, verstößt gegen § 1 UWG (Gesetz gegen den unlauteren Wettbewerb, Anm. d. Verfassers), weil dadurch der diskriminierende und die Menschenwürde verletzende Eindruck der sexuellen Verfügbarkeit der Frau als mögliche Folge des Genusses des angepriesenen alkoholischen Getränks vermittelt wird.*

In der Verlagspraxis wird es allerdings immer schwerer, lukrative Anzeigengeschäfte um des Rechtes willen abzulehnen, denn nicht nur Verkäufer von Schlankheitsmitteln, sondern auch Anzeigenverkäufer werden meist nur noch nach schnellem Erfolg und Umsatz beurteilt, nicht nach Seriosität.

Das ist nicht nur juristisch verfehlt: Auch die verlegerische Verantwortung gegenüber dem Leser gebietet es, eine Zeitschrift von zweifelhaften Anzeigen freizuhalten. Wer eine Zeitschrift kauft, weil er dem redaktionellen Teil weitgehend vertraut, der möchte auch im Anzeigenteil keine Lügen oder leere, haltlose Versprechen lesen.

Für einige Branchen, in der unseriöse, irreführende Werbung für den Verbraucher besonders gefährlich ist, weil sie sensible Bereiche betrifft, gibt es inzwischen spezielle Gesetze, die die Werbung reglementieren. So regelt zum Beispiel das Heilmittelwerbegesetz, dass in der Werbung für Arzneimittel keine Menschen erscheinen dürfen, die den Anschein erwecken, sie seien Arzt oder Apotheker, etwa weil sie einen weißen Kittel tragen. Außerdem dürfen in der Arzneimittelwerbung keine Vorher-Nachher-Bilder gezeigt werden.

Für Säuglingsanfangs- und -folgenahrung regelt das Säuglingsnahrungswerbegesetz zum Beispiel, dass bei Werbung für solche Babynahrung stets der deutliche Hinweis aufgeführt sein muss, dass Muttermilch besser ist und dass die Nahrung nur auf den Rat unabhängiger Fachleute zu verwenden ist. Außerdem dürfen in der Werbung keine Kinderbilder verwendet werden.

7.4   *Kein Zwang zum Abdruck von Anzeigen*

Grundsätzlich kann ein Verlag Anzeigen nach eigenem Gut-
dünken zurückweisen, ganz gleich, ob sie inhaltlich zulässig
oder unzulässig (s. Kapitel 7.3) sind. Er kann nicht gezwun-
gen werden, Anzeigen abzudrucken. Ein Abdruckzwang
kann bei zulässigen Anzeigen nur dann vorliegen, wenn eine
Zeitung eine regionale Monopolstellung besitzt und die Anzeige zudem völlig willkürlich und ohne sachlichen Grund
zurückweist.

7.5   *Kein Abdruck von Füllanzeigen*

Ein Verstoß gegen das Wettbewerbsrecht liegt vor, wenn
eine Zeitung oder Zeitschrift ganz bewusst Anzeigen abdruckt, die gar nicht bestellt worden sind. Das machen
manche Verlage, um Anzeigenkunden über ihr Anzeigenvo-
lumen zu täuschen. Potenzielle Inserenten stufen dann die
Werbewirksamkeit der Zeitung höher ein, als sie in Wahrheit
ist.

Nur gelegentlich und versehentlich mal eine unbestellte Anzeige abzudrucken, ist jedoch nicht verboten, etwa wenn die
Stornierung einer Anzeigenbestellung übersehen wurde.

8 Urheberrecht/Verlagsrecht

8.1 Redigieren ohne Grenzen?
Wie viel am Text eines Autors geändert werden darf

8.1.1 Artikel mit Namen

Es wird sich für einen Journalisten fast unglaublich anhören, aber: Im Grundsatz geht das Urheberrecht davon aus, dass an einem Beitrag überhaupt nichts ohne Zustimmung des Verfassers verändert werden darf. Streng genommen, dürften nicht einmal Rechtschreibkorrekturen gemacht werden (Geregelt in § 39 Urheberrechtsgesetz.).

Doch nun zurück zur Realität und zu den gesetzlichen Ausnahmen: Auch das Urheberrechtsgesetz ist nicht ganz weltfremd. Darum erlaubt es der Redaktion, solche Änderungen vorzunehmen, die im stillschweigenden Einverständnis des Verfassers vorgenommen werden, wenn schon eine längere Zusammenarbeit zwischen Autor und Verlag besteht.

Das übliche, leichte Redigieren ist also zulässig, wenn der Verfasser es nicht ausdrücklich untersagt. Rechtschreib- und Kommafehler würde der Verfasser ja auch selbst ändern, wenn er sie sehen würde. Leichte, sinnwahrende Kürzungen sind ebenfalls erlaubt.

Die Grenzen der stillschweigenden Einwilligung bei Artikeln, die mit Namen versehen sind, sind aber jedenfalls dann erreicht, wenn der Beitrag in seinem Aufbau völlig umgestellt, in seiner Systematik verändert, wenn die Zielrichtung, die Gewichtung verändert werden, wenn wichtige Passagen entfernt werden oder die Aussage des Beitrages ins Gegenteil verkehrt wird.

Allerdings: Je länger die Vorlaufzeit des Beitrages bis zum Abdruck ist, umso mehr ist die Redaktion verpflichtet, dem Verfasser die Änderungen mitzuteilen und sie von ihm genehmigen zu lassen.

Das bedeutet: Bei einer Tageszeitung, für die der Verfasser tagesaktuelle Beiträge liefert, sind in der Regel die meisten Änderungen ohne konkrete Absprache erlaubt, in einer Monatszeitschrift die wenigsten.

Für fest angestellte Redakteure werden diese Grundsätze allerdings durch Tarifvertrag oder Arbeitsvertrag eingeschränkt. Einen Text völlig zu verändern oder zu entstellen, ist aber auch bei Festangestellten nicht erlaubt.

8.1.2 *Namenlose Artikel*

Soll der Bericht ohne Namen des Autors erscheinen, so sind über die oben genannten Änderungen hinaus auch in der Branche übliche Änderungen zulässig. Dann ist auch das Umstellen, stärkere Kürzen und Verändern erlaubt, soweit es üblich ist (geregelt in § 44 Verlagsgesetz). Allerdings: Ein Beitrag darf nur mit ausdrücklichem oder stillschweigendem Einverständnis des Autors ohne dessen Namen erscheinen. Der Autor hat ein Recht darauf, dass er als Urheber genannt wird (§ 13 Urheberrechtsgesetz)

Bei Tageszeitungen darf also auch hier wiederum mehr als bei Zeitschriften geändert werden. Aber: Reicht die Vorlaufzeit bis zum Erscheinen des Artikels aus, um Änderungen zu besprechen, so muss man sich auch bei namenlosen Artikeln mit dem Autor absprechen. Bei nicht aktuellen Beiträgen zu einer Monatszeitschrift, die etwa vier Monate vor Abdruck abgeliefert werden, müssen beinahe alle Änderungen mit dem Verfasser abgesprochen werden – auch wenn der Artikel namenlos erscheint.

Das alles kann aber durch konkrete vertragliche Regelungen anders gestaltet werden. Allerdings darf ein Artikel niemals entstellt werden (§ 14 Urheberrechtsgesetz).

8.2   *Bestellt, aber nicht gedruckt.*
Wann man als freier Journalist seinen Text trotz Bezahlung wieder neu anbieten darf

Für den freien Journalisten ist es oft eines der größten Ärgernisse: Er bietet einen Artikel an, er wird genommen, sogar bezahlt, aber dann nicht gedruckt. Der Journalist möchte den Artikel einer anderen Zeitschrift oder Zeitung anbieten, weil er seinen Artikel nicht nur bezahlt haben will, sondern auch gern gedruckt sehen möchte.

Die Frage: Wie kann er den Artikel, oder juristisch genauer: das Nutzungsrecht, zurückbekommen?

Antwort: Er kann den Artikel beim Verlag nach § 41 Urheberrechtsgesetz zurückrufen oder den Verlagsvertrag nach § 45 Abs. 1 Verlagsgesetz kündigen.

8.2.1 *Kündigung nach § 45 Verlagsgesetz*

Unter das Verlagsgesetz fallen nach § 1 Werke der Literatur und der Tonkunst, soweit eine persönliche geistige Schöpfung vorliegt. Zu den Werken der Literatur gehören auch Presseartikel. Das ergibt sich ausdrücklich aus den §§ 41 ff., die Besonderheiten für Beiträge zu Zeitungen, Zeitschriften und anderen so genannten periodischen Sammelwerken regeln.

Eine dieser Besonderheiten ist das Kündigungsrecht nach § 45 Abs. 1. Danach kann der Verfasser das Vertragsverhältnis kündigen, wenn der Beitrag nicht innerhalb eines Jahres nach der Ablieferung an den Verleger veröffentlicht worden ist. Der Anspruch auf das Honorar bleibt bestehen (§ 45 Abs. 1 Satz 2).

Der Verfasser übt das Kündigungsrecht durch entsprechende Erklärung gegenüber dem Verleger aus. Erst wenn dieser sie empfangen hat, ist sie wirksam. Es ist also nicht ausreichend, wenn der Verfasser die Kündigung gegenüber der Redaktion erklärt, also dem zuständigen Redakteur oder dem Chefredakteur einen entsprechenden Brief schickt.

§ 45 Abs. 1 ist so genanntes nachgiebiges Recht: Es kann im Verlagsvertrag mit dem Verfasser ausgeschlossen werden.

Das Recht nach § 45 Abs. 1 ist Folge davon, dass der Verleger seinen Teil der Verlagsvertrages nicht eingehalten hat. Es ist ein außerordentliches Kündigungsrecht.

8.2.2 *Rückruf nach § 41 Urheberrechtsgesetz*

Neben dem Anspruch auf Kündigung besteht das Rückrufrecht nach § 41 UrhG. Das Rückrufrecht ist im Gegensatz zur Kündigung kein vertragliches Recht, das sich aus der Vertragsverletzung des Verlegers ergibt, sondern es ergibt sich aus dem Urheberpersönlichkeitsrechts des Autors. Der Urheber hat ein ureigenstes Interesse an der Veröffentlichung seines Artikels. So wie ein Schauspieler nicht ohne Publikum spielen will, so möchte der Autor nicht ohne Leserschaft sein: Er mag nicht für den Papierkorb schreiben.

Voraussetzungen für den Rückruf sind:

❏ Der Verlag hat an dem Artikel ein ausschließliches Nutzungsrecht, also darf allein darüber verfügen. Wenn nichts anderes vereinbart wird, so erwirbt eine Zeitschrift im Zweifel stets ein ausschließliches Nutzungsrecht an einem ihr angebotenen Artikel. Die umgekehrte Vermutung gilt für Zeitungen: Eine Zeitung erwirbt im Zweifel stets nur das einfache Nutzungsrecht, es sei denn, es ist etwas anderes vereinbart. (Geregelt ist das in § 38 Urheberrechtsgesetz.)

❏ Der Verlag übt dieses Nutzungsrechts nicht oder nur unzureichend aus, druckt also den Artikel nicht oder nur als Fragment.

❏ Es werden dadurch berechtigte Interessen des Urhebers erheblich verletzt, nämlich der Wunsch nach Veröffentlichung.

❏ Dass der Verlag den Beitrag nicht druckt, liegt nicht an Umständen, die der Urheber beheben könnte.

❑ Bei einer Zeitung müssen drei Monate, bei einer Zeitschrift sechs Monate seit Übertragung des Nutzungsrechtes vergangen sein, ohne dass der Artikel gedruckt worden ist. Erscheint die Zeitschrift seltener als einmal im Monat, so beträgt die Frist ein Jahr.

❑ Der Verfasser muss dem Verlag jedoch noch eine angemessene Nachfrist setzen, bevor er nach Ablauf der ursprünglichen Frist von seinem Rückrufrecht Gebrauch macht. Das heißt, er muss dem Verlag ankündigen, dass er von seinem Rückrufrecht Gebrauch macht, wenn er nicht innerhalb der angemessenen Nachfrist den Artikel druckt. Was angemessen ist, hängt vom konkreten Einzelfall ab. Jedoch muss die Nachfrist keinesfalls länger sein als die ursprüngliche Frist. Bei Tageszeitungen dürften zwei Wochen als Nachfrist genügen, bei einer Wochenzeitschrift sechs Wochen, bei einer Monatszeitschrift drei bis vier Monate.

Auch beim Rückruf bleibt dem Verfasser das Honorar erhalten. Es wandelt sich in eine Art Schadenersatz um: Das bereits gezahlte Honorar entschädigt den Autor dafür, dass er den Artikel in der Zeit, in der er bei der Zeitschrift auf Halde lag, nicht anderweitig verwerten konnte.

Achtung: Ein Rückruf ist dann nicht möglich, wenn der Artikel für eine Ausgabe der Zeitschrift vorgesehen ist, die erst nach Ablauf der Frist erscheinen wird. Wer also im Januar einen Artikel für das Dezemberheft abliefert, kann ihn nicht im Juli zurückrufen.

Muster eines Rückrufs

An den xy-Verlag
Geschäftsführung

Rückruf meines Beitrages
»Private Sheriffs in der U-Bahn«
gemäß § 41 Urheberrechtsgesetz

Sehr geehrte Frau ...,

am 30. April 1999 habe ich Ihnen meinen Beitrag »Private Sheriffs in der U-Bahn« exklusiv zum Abdruck in der Wochenzeitschrift xy überlassen, Ihnen also ein ausschließliches Nutzungsrecht übertragen.

Den Artikel hatte der Ressortleiter Herr M. am 25. März 1999 (schriftlich/telefonisch) in Auftrag gegeben bzw. angefordert.

Nachdem nun sechs Monate seit Überlassung des Beitrages vergangen sind und Sie den Beitrag noch immer nicht gedruckt haben, möchte ich von meinem Recht nach § 41 Urheberrechtsgesetz Gebrauch machen und den Beitrag zurückrufen.

Sollten Sie den Beitrag nicht bis zum

15. Dezember 1999

abgedruckt haben, werde ich den Beitrag zurückzurufen.

Mit freundlichen Grüßen

Peter Müller
2. November 1999

8.3 Gedruckt. Und nun? Darf ich meinen Text weiterverwerten?

Wurde der Artikel in einer Zeitschrift veröffentlicht und hatte die Zeitschrift ein ausschließliches Nutzungsrecht daran, so darf der Autor den Artikel anderweitig verwenden und verbreiten, sobald seit Erscheinen ein Jahr vergangen ist. (Das ist in § 38 Abs. 1 Urheberrechtsgesetz geregelt.)

Das ausschließliche Nutzungsrecht der Zeitschrift erlischt also automatisch ein Jahr nach Erscheinen des Artikels. Das Gesetz geht in § 38 Abs. 1 Satz 1 von der Vermutung aus, dass ein Autor mit dem Verleger oder Herausgeber einer periodisch erscheinenden Sammlung, wozu die Zeitschriften gehören, stets ein ausschließliches Nutzungsrecht vereinbart.

Anders sieht es bei Zeitungen aus. Sie gehören nicht zu den periodisch erscheinenden Sammlungen i. S. d. § 38 Abs. 1 Satz 1. Für Zeitungen gilt die gegenteilige gesetzliche Vermutung: Wird ein Beitrag einer Zeitung überlassen, so gilt im Zweifel ein einfaches Nutzungsrecht als vereinbart; das heißt, man darf seinen Beitrag auch mehreren Zeitungen anbieten, wenn nicht anderes vereinbart ist. Wird aber entgegen der gesetzlichen Vermutung ein ausschließliches Nutzungsrecht vereinbart, so gilt nicht die Jahresfrist wie bei Zeitschriften, bis der Artikel frei wird und der Autor ihn anderweitig anbieten darf: Der Zeitungsartikel wird sogleich nach Erscheinen wieder frei.

Sonderregelungen für fest angestellte Redakteure oder feste Freie

Grundsätzlich gelten die vorgenannten Regelungen auch für fest angestellte Redakteure und feste Freie. Allerdings gehen der Arbeitsvertrag und der Tarifvertrag vor. Wenn dort andere Vereinbarungen getroffen sind, gelten diese.

8.4   *Unerlaubter Abdruck*

Hat ein Verlag abgekupfert (s.o. 6.4), also einen Text oder längere Passagen daraus ohne Erlaubnis des Autors veröffentlicht, stellt sich die Frage, was der Autor machen kann.

❑   Er kann verlangen, dass der Verlag es unterlässt, den geklauten Text wieder zu drucken.

❑   Er kann Schadenersatz fordern:
erstens das Honorar, das er für den erlaubten Abdruck bekommen hätte, zweitens das Honorar noch einmal, wenn der Text – wie es meist sein wird – ohne Namen des Autors erschienen ist. In der Regel bekommt der Autor also das doppelte des üblichen Honorars als Schadenersatz.
Unter Umständen kann der Autor sogar das Dreifache verlangen: Wenn der Abschreiber den Text ganz bewusst und nicht nur versehentlich ohne Erlaubnis übernommen hat.

Übrigens: Der Autor hat auch bei verkauften Texten einen Anspruch darauf, dass er als Autor genannt wird. Hat er mit dem Verlag nicht vereinbart, dass der Beitrag ohne Name erscheint, so kann er auch bei erlaubtem Abdruck grundsätzlich das Honorar noch einmal verlangen, wenn der Name fehlt.

CD-ROM-Archiv

Bei Übernahme eines Beitrages in ein CD-ROM-Archiv, das zum Verkauf angeboten wird, muss der Verlag grundsätzlich auch den Autor fragen. Das gilt vor allem dann, wenn dem Autor vorher nicht klar war, dass es ein solches Archiv gibt und dass die Übernahme des Beitrages üblich ist.

Unzulässig ist daher in aller Regel die Übernahme von älteren Beiträgen, die entstanden sind als es CD-ROM-Archive noch nicht gab.

Auch die Übernahme von Texten und Fotos in die Online-Ausgabe einer Zeitung kann unzulässig sein, wenn der Autor/Fotograf von der Online-Ausgabe nichts wusste, als er den Text der Zeitung zum Abdruck überließ.

9 *Presserecht und Internet*

Alle Grundsätze und Regeln des Pressechts und Urheberrechts gelten unmittelbar so oder sinngemäß auch für das Internet.

Der Anbieter einer Home-Page oder eine Online-Zeitung kann ebenso wegen Beleidigung oder Behauptung falscher Tatsachen, wegen unzulässiger Veröffentlichung von Berichten und Fotos aus der Privat- oder Intimssphäre belangt werden wie eine Zeitungs- oder Rundfunkanbieter.

Allerdings ist gegen einen Bericht auf einer klassischen Home-Page keine Gegendarstellung möglich, weil eine Home-Page, ähnlich wie ein Buch oder Plakat, nicht periodisch erscheint wie eine Zeitung oder Zeitschrift. Unterlassung, Richtigstellung und Widerruf können aber gefordert werden. Wird aber auf einer Home-Page auch aktuell berichtet, so ist dagegen auch eine Gegendarstellung möglich.

Beim Internet ist allerdings daran zu denken, dass viele Anbieter ihr Angebot nicht von Deutschland aus betreiben. Man muss also zunächst prüfen, wo der Betreiber sitzt und welches Recht dort gilt. In aller Regel wird man einen Anwalt im Ausland beauftragen müssen.

Gegen den Provider kann man bei Presserechtsverstößen des Anbieters grundsätzlich nicht vorgehen. Er ist nur »technischer Verbreiter«. Er ist gar nicht in der Lage alle Angebote auf Rechtmäßigkeit zu überprüfen – ähnlich wie auch ein Kioskbesitzer nicht alle Zeitschriften nach Presserechtsverstößen durchschauen kann und muss.

Nur in Ausnahmefällen wäre es denkbar, den Provider zu zwingen einem Anbieter den Zugang zum Netz über seinen Server zu versperren. Wenn das Angebot zum Beispiel schon im Grunde kriminell wäre. Vergleichbar also mit Zeitschriften, die auf dem Index stehen. Hier allerdings muss der Gesetzgeber erst einmal Regeln schaffen.

Domain-Namen

Inwieweit Domain-Namen geschützt werden können ist noch hochumstritten. Hier entscheiden die Gerichte sehr unterschiedlich. Die besten Karten gegen fremde Nutzung hat, wer seinen Domain-Namen als Marke nach § 5 Markengesetz hat schützen lassen.

Weitgehend funktioniert die Namensvergabe aber schon ohne Juristen sehr gut. In Deutschland werden Domain-Namen von der DENIC (Deutsche Network Information Center) registriert und vergeben – also alle Namen, die auf ».de« enden.

10   *Pressesprecher und Recht*

Das Presserecht gilt mit wenigen kleinen Abweichungen auch für Pressesprecher. Darüber hinaus kann eine Presseabteilung aber auch Ärger mit dem Firmenchef bekommen, wenn sie nicht in seinem Sinne agiert.

Hier sind die wichtigsten Punkte zusammengefasst:

Als Pressesprecher kann man vor allem juristischen Ärger bekommen

1.   mit seinem Arbeitgeber wegen Ausplauderns von Interna

2.   mit Personen, die von der Pressemitteilung betroffen sind

3.   mit der Presse, wenn eine Pressemitteilung falsch oder sonst wie angreifbar war und die Presse sich deswegen Gegendarstellungen, Unterlassungserklärungen oder Richtigstellungen eingehandelt hat

Ärger mit dem Arbeitgeber

Stimmen Sie grundsätzlich jede Pressemitteilung mit der Geschäftsleitung ab. Sofern Sie bei der Pressearbeit freie Hand haben, sollten Sie dennoch zur Sicherheit besonders wichtige Erklärung abstimmen. Lieber ein Okay zu viel einholen, als später großen Ärger bekommen. Wenn Sie etwas mit der Geschäftsleitung abstimmen oder das Okay einholen, tun Sie es möglichst kurz vor der Veröffentlichung. Es kann sein, dass sich die Situation oder die Meinung der Geschäftsleitung innerhalb weniger Stunden ändert. Es gibt viele Chefs, die von »ihrem Geschwätz von gestern« am nächsten Tag nicht mehr wissen wollen und es erst recht nicht mehr abgedruckt sehen möchten.

Wenn Sie unbefugt Interna verraten, kann Sie das unter Umständen sofort den Arbeitsplatz kosten. Allerdings ist der Stuhl des Pressesprechers ohnehin kein bequemer Ohrensessel, sondern ein sehr wackeliges Möbel.

Ärger mit Betroffenen

In Ihrer Pressemitteilung dürfen Sie niemanden verleumden oder beleidigen: Sie dürfen nicht die Unwahrheit über ihn verbreiten bzw. mittels der Presse verbreiten lassen. Sie dürfen ihn nicht mit Schmähkritik überziehen.

Das gilt grundsätzlich auch für andere Unternehmen. Vermeiden Sie es, Konkurrenten anzuschwärzen oder das eigene Unternehmen als besser oder seine Produkte als einmalig, das Beste, schönste usw. anzupreisen. Das ist in aller Regel ein schwerwiegender Wettbewerbsverstoß. (s. dazu auch 1.8 Pressefehde)

So durfte z.B. ein öffentlich-rechtlicher Rettungsdienst nicht über einen privaten verbreiten: »Wir scheuen die Konkurrenz der privaten Rettungsdienste nicht. Aber es geht nicht an, das die Privaten sich nur die Rosinen rausklauben.« Das Oberlandesgericht München hat diese Äußerung verboten – auf Antrag des damals, 1993, einzigen privaten Rettungsdienstes.

Ausnahmsweise könne aber negative Äußerungen über einen Konkurrenten erlaubt sein, Wenn wegen der Größe der Unternehmen und der Bedeutung der betreffenden Sache ein hohes Interesse der Allgemeinheit besteht. Das hat das Oberlandesgericht Frankfurt im Fall López entschieden, in dem VW und General Motors/Opel sich eine Presseschlacht darüber geliefert haben, ob López bei seinem Wechsel von General Motors zu VW geheime Unterlagen mitgenommen haben soll.

Auch Behörden müssen ihre Pressemitteilungen sorgfältig verfassen, sie müssen mit ihrer Pressearbeit sachlich und zurückhaltend sein.

Das Oberlandesgericht Hamm verurteilte einen Staatsanwalt zu Schadenersatz, weil er bei der Fahndung nach zwei mutmaßlichen Bankräubern in einer Pressemitteilung die Öffentlichkeit um Mithilfe bat. Gegen die beiden genannten Männer bestand aber kein dringender Tatverdacht. Aber nur ein dringenden Tatverdacht, der sich darin manifestiert, das ein Haftbefehl erlassen wird, kann eine Öffentlichkeitsfahndung rechtfertigen. Weil die Männer unschuldig waren, verklagten sie den Staatsanwalt auf Schmerzensgeld für die erlittene Schmach bei der Fahndung.

Ärger mit der Presse

Zwar muss die Presse Ihre Mitteilungen mit aller gebotenen Sorgfalt überprüfen, bevor sie sie druckt. Doch oft stößt sie dabei auf die Grenzen des Machbaren, Wenn etwa ein Autohersteller mitteilen würde, dass sein neuestes Modell Papier als Treibstoff nutzt und es zu reinstem Sauerstoff verbrennt, ist klar, dass das kritisch beäugt werden muss. Wenn aber zum Beispiel technische Details angepriesen werden, die schwer nachgeprüft werden können, ist der Journalist mit seiner Sorgfalt am Ende. Er muss Ihnen glauben, wenn er die Mitteilung drucken will. Ist sie falsch und ein Dritter betroffen, etwa die Konkurrenz, muss die Zeitschrift eine Gegendarstellung, Unterlassung abdrucken und unter Umständen die Sache richtig stellen.

Eine Redaktion kann dann vom Verbreiter der falschen Pressemitteilung unter Umständen Schadenersatz verlangen. Lügen Sie Redaktionen also niemals an; das kann ein Bumerang werden.

Folgen

Falsche oder beleidigende Pressemitteilungen können für das Unternehmen dieselben Folgen haben wie für die Presse, mit einer Ausnahme: Eine Gegendarstellung muss die Pressestelle des Unternehmens nicht abdrucken, denn sie gibt keine Zeitung oder Zeitschrift heraus, in der eine Gegendarstellung erscheinen könnte.

Möglich sind aber

❏ Unterlassungsverpflichtungserklärung

❏ Richtigstellung/Widerruf

❑ Schadenersatz/Schmerzensgeld

❑ strafrechtliche Folgen, z.B. Bestrafung wegen Verleumdung

Die Richtigstellung muss auch in Form einer Pressemitteilung verbreitet werden. Die Medien, die die Falschmeldung gedruckt/gesendet hatten, müssen sie verbreiten, denn sie sind dazu schon selbst verpflichtet. Wird die Richtigstellung nicht von der Presse im redaktionellen Teil verbreitet, etwa weil kein Presseorgan die Meldung gebracht hatte, so muss eine Anzeige geschaltet werden.

11 *Glossar*

Häufig verwechselte oder falsch verwendete Begriffe bei der Gerichts- und Justizberichterstattung

▷ **Amtsanwalt** →Staatsanwalt

▷ **Amtsgericht**
Das Amtsgericht ist das unterste Gericht der so genannten →ordentlichen Gerichtsbarkeit. Es entscheidet in Strafsachen in 1. Instanz über mittlere und Kleinkriminalität durch das →Schöffengericht und den Strafrichter. In Zivilsachen entscheidet es in 1. Instanz durch einen Zivilrichter über Streitigkeiten bis zu 10 000 Mark.

▷ **Angeklagter/Beschuldigter/Verdächtigter/**
  Beklagter/Betroffener
Angeklagter ist, gegen wen im Strafverfahren eine Anklage von der Staatsanwaltschaft erhoben worden ist. Das ist erst nach Verlesen der Anklage in der Hauptverhandlung der Fall. Davor heißt der spätere Angeklagte *Beschuldigter.* Sind noch keine polizeilichen Maßnahmen gegen den späteren Beschuldigten erfolgt, z. B. Durchsuchung oder Vernehmung, so heißt er lediglich *Verdächtigter.*
Betroffen ist jemand, gegen den ein Strafverfahren läuft, natürlich auch davon, aber einen *Betroffenen* im technischen Sinne kennt nur das Ordnungswidrigkeitenrecht. Betroffener heißt also, wer einen Bußgeldbescheid, etwa wegen zu schnellen Fahrens, bekommen hat – auch wenn die

Sache beim Verkehrsstrafgericht verhandelt wird. Der Betroffene wird durch den Weg zum Gericht nicht etwa zum Angeklagten.

Im Zivilprozess, wenn es also um Mietstreitigkeiten, Vertragsauseinandersetzungen oder Schadenersatz geht, heißt derjenige, der etwas fordert, *Kläger* und der, von dem der Kläger etwas fordert, *Beklagter* – und nicht Angeklagter.

▷ **Auskunftsverweigerungsrecht** →**Zeugnisverweigerungrecht**

▷ **Aussageverweigerungsrecht** →**Zeugnisverweigerungrecht**

▷ **Bayerisches Oberstes Landesgericht**

Der Freistaat Bayern leistet sich als einziges Bundesland ein oberstes Landesgericht. Es steht über den bayerischen Oberlandesgerichten, aber zum Verdruss vieler Bayern unter dem Bundesgerichtshof. Das *Bayerische Oberste Landesgericht* entscheidet in Zivilsachen als Revisionsinstanz anstelle des Bundesgerichtshofes, wenn bei der Entscheidung überwiegend bayerisches Landesrecht von Bedeutung ist; es entscheidet in Strafsachen über →Revisionen, für die ansonsten die Oberlandesgerichte zuständig wären (und es in den übrigen Bundesländern auch sind).

▷ **Beisitzer**

Die hauptamtlichen Richter einer Kammer des Landgerichts oder eines Senates des Oberlandesgerichts, die neben dem

→Vorsitzenden Richter sitzen, heißen Beisitzer. Außer bei-
zusitzen, tun sie in der Verhandlung meist nicht viel.

▷ **Beklagter** →**Angeklagter**

▷ **Berichterstatter**
In einer Kammer des Landgerichts oder einem Senat des
Oberlandesgerichts oder des Bundesgerichtshofes bearbei-
tet immer nur einer der →Beisitzer den zu entscheidenden
Fall. Die anderen bilden sich für ihre Entscheidung

▷ **Berufung/Revision**
In der Berufungsverhandlung wird ein Fall vollständig neu
verhandelt, also alle Zeugenaussagen werden wieder
gehört, und der Angeklagte wird erneut befragt.
In der Revisionsverhandlung wird der Fall nur unter rechtli-
chen Gesichtspunkten neu bewertet. Es wird geprüft, ob die
Richter zuvor die einschlägigen Gesetze richtig angewendet
haben, ob also z. B. im Strafverfahren die Tat – ausgehend
von demselben Sachverhalt – ein Mord oder ein Totschlag
war oder ob z. B. noch ein versuchter Diebstahl oder schon
eine vollendete Tat vorliegt.

▷ **Beschuldigter** →**Angeklagter**

▷ **Betroffener** →**Angeklagter**

▷ **Bewährung/Bewährungszeit**
Das Wichtigste: Eine Aussetzung zur *Bewährung* ist nur bei
Haftstrafen bis zu zwei Jahren möglich. Alle Freiheitsstrafen

darüber können nicht zur Bewährung ausgesetzt werden. Darum verhängen Richter oftmals noch eine zweijährige Haftstrafe (obwohl womöglich auch eine etwas höhere eher gerechtfertigt wäre), wenn sie der Überzeugung sind, der Angeklagte verdiene noch eine Bewährung. Und darum versuchen auch Verteidiger häufig, die Strafe unter zwei Jahre zu drücken.

Wer eine Bewährungsstrafe bekommt, darf sich während seiner *Bewährungszeit* nichts zuschulden kommen lassen. Wer in der *Bewährungszeit* eine neue Straftat begeht, muss in aller Regel die zur Bewährung ausgesetzte Strafe absitzen.

Die *Bewährungszeit* ist aber nicht gleichzusetzen mit der zur Bewährung ausgesetzten Strafe. Die Bewährungszeit kann bis zu fünf Jahren dauern, muss aber mindestens zwei Jahre betragen.

Das Urteil lautet dann z.B. so: Der Angeklagte wird zu 18 Monaten Freiheitsstrafe verurteilt. ....Die Strafe wird zur Bewährung ausgesetzt. ... Die *Bewährungszeit* beträgt zwei Jahre.

▷ **Bewährungszeit** →**Bewährung**

▷ **Einspruch** →**Widerspruch**

▷ **Einstellung gegen Auflage**
Ein Mittel, die Gerichte zu entlasten und bei Kleinkriminalität ohne Verhandlung auszukommen, besteht in der *Einstellung gegen Auflage*.

(§ 153 a StPO) Dafür muss die Schuld des Täters aber noch geringer sein als beim →**Strafbefehl** und das von ihm begangene Unrecht kann mit einer Geldbuße gesühnt werden, die er an eine gemeinnützige Einrichtung zu zahlen hat. Wird die Sache so eingestellt, ist der Beschuldigte dadurch nicht vorbestraft.

▷ **Festnahme/Verhaftung/Haftbefehl**

Verhaftet werden kann ein Beschuldigter erst dann, wenn ein richterlicher Haftbefehl vorliegt. Ohne eine solche richterliche Entscheidung heißt das Aufgreifen und Festhalten eines Beschuldigten *Festnahme*. Meistens nimmt die Polizei einen Verdächtigen oder Beschuldigten fest und führt ihn dann dem Haftrichter vor, der über einen Haftbefehl entscheidet. Voraussetzung für einen Haftbefehl ist zum einen der dringende Tatverdacht und zum anderen die Flucht- oder Verdunkelungsgefahr.

Der Haftrichter kann aber auch einen Haftbefehl ausstellen, ohne den Beschuldigten vorher dazu anzuhören. Das ist zwangsläufig immer der Fall, wenn der Beschuldigte flüchtig ist. Wird er dann aufgegriffen, so wird er verhaftet. Der Richter hört ihn dann zu dem Haftbefehl an und entscheidet, ob er bestehen bleibt.

Es gibt aber auch noch eine andere Art von Haftbefehl: Ein Angeklagter, der nicht zur Verhandlung erscheint, kann mit einem von Profis so bezeichneten »230er-Haftbefehl« (benannt nach § 230 StPO, der das regelt) gesucht werden. Ein solcher Haftbefehl dient aber nur dazu, die Gerichtsverhandlung durchzuführen, die ohne den Angeklagten grundsätzlich nicht stattfinden kann.

Über die Intensität des Verdachts oder gar der Schuld sagt der 230er-Haftbefehl nichts aus, Rückschlüsse darauf sind also verboten.

▷ **Gerichtsdiener** →Justizwachtmeister

▷ **Gerichtshilfe/Jugendgerichtshilfe**

Die Gerichtshilfe hilft im Strafverfahren, Hintergründe zu ermitteln, die für die Höhe der Strafe oder eine mögliche Aussetzung der Strafe zur Bewährung wichtig sein können, vor allem familiäres und soziales Umfeld des →Beschuldigten/Angeklagten und seine darauf beruhende Entwicklung. Die Gerichtshilfe gehört in der Regel zur Landesjustizverwaltung, kann aber auch einer Sozialbehörde übertragen werden.

Die Jugendgerichtshilfe wird von den Jugendämtern getragen und hilft bei Strafverfahren gegen →Jugendliche, die Persönlichkeit des →Beschuldigten/Angeklagten zu erforschen und zu beurteilen. Die Jugendgerichtshilfe betreut den Jugendlichen außerdem während des gesamten Verfahrens

▷ **Gesamtstrafe**

In Deutschland werden die vom Gericht für mehrere Taten ausgesprochenen Strafen nicht addiert, sondern die höchste Einzelstrafe wird etwas erhöht – je nach Umfang der anderen Strafen bis zum doppelten der höchsten Einzelstrafe. Diese Art der Zusammenfassung mehrerer Einzelstrafen heißt *Gesamtstrafe*.

Wird jemand z. B. wegen dreifachen Raubes zu einem, zwei und drei Jahren verurteilt, so erhält er eine Gesamtstrafe von vielleicht vier Jahren. Ein Mehrfachtäter bekommt also sozusagen Mengenrabatt.

▷ **Gewahrsam**

Wer nicht im Zusammenhang mit einer Straftat, sondern bloß aus polizeirechtlichen Gründen zur Abwehr einer Gefahr festgehalten oder eingesperrt wird, weil er irgendwie stört oder von ihm eine Gefahr für andere ausgeht, z. B. ein Betrunkener oder Randalierer, wird in Gewahrsam genommen und nicht festgenommen oder gar verhaftet.

▷ **Haftbefehl** →Festnahme

▷ **Heranwachsender/Jugendlicher/Kind**

Bis zum 13. Lebensjahr ist man Kind und somit nicht strafmündig. Ganz gleich, was ein 13-jähriger oder jüngerer auch tut, er kann dafür nicht bestraft werden. Allerdings ist es möglich, ihn in einem Heim zu Erziehungszwecken unterzubringen.

Vom 14. bis zum 17. Lebensjahr ist man *Jugendlicher* und muss für seine Taten geradestehen. Das Jugendrecht kennt allerdings nur in gravierenden Fällen Jugendstrafen. Im Übrigen gibt es Erziehungsmaßregeln und Zuchtmittel. Die Höchststrafe – selbst für Mord – beträgt im Jugendstrafrecht zehn Jahre.

Heranwachsender ist man vom 18. bis zum 20. Lebensjahr. Man unterliegt in dieser Altersstufe dann noch dem Jugendrecht, wenn man aufgrund seiner geistigen Reife noch nicht wie ein Erwachsener behandelt werden kann, sondern einem Jugendlichen gleichsteht. Das entscheidet das Jugendgericht meist mit der Hilfe eines psychiatrischen Sachverständigen.

▷ **Jugendgerichtshilfe** →**Gerichtshilfe**

▷ **Jugendlicher** →**Heranwachsender**

▷ **Justizwachtmeister/Gerichtsdiener**
Ebenso wie die Vollzugshelfer sich über das Wort Wächter ärgern, so ärgern sich *Justizwachtmeister*, die im Gerichtssaal in Uniform neben der Tür sitzen, Zeugen hereinrufen und auf den Angeklagten aufpassen, über den Begriff *Gerichtsdiener*. Gegen *Wachtmeister* hat aber keiner etwas.

▷ **Kammergericht** →**Strafkammer**

▷ **Kind** →**Heranwachsender**

▷ **Landgericht**
Das Landgericht steht über dem →Amtsgericht und ist in Strafsachen in 1. Instanz für schwere Kriminalität zuständig, es entscheidet hier durch die großen →Strafkammern; in Zivilsachen entscheidet es in 1. Instanz für Streitigkeiten von mehr als 10 000 Mark.
Außerdem entscheidet das Landgericht in 2. Instanz über Berufungen gegen Urteile des Amtsgerichtes: In Strafsachen durch kleine →Strafkammern, in Zivilsachen durch →Zivilkammern.

▷ **Nebenkläger**
Ein von der Straftat Betroffener, meist das Opfer, bei Mord und Totschlag aber aus nahe liegendem Grund seine nächsten Verwandten, können neben dem Staatsanwalt dafür

sorgen, dass der Täter eine angemessene Strafe bekommt und so ihr Bedürfnis nach Vergeltung befriedigen.

Ein *Nebenkläger* bzw. der ihn vertretende Rechtsanwalt kann wie der Staatsanwalt Zeugen befragen, Anträge stellen und ein Plädoyer halten.

▷ **Oberlandesgericht**

Das Oberlandesgericht steht über dem →Landgericht. Im Wesentlichen entscheidet es in Zivilsachen zum einen über die →Berufung gegen erstinstanzliche Urteile des Landgerichts, zum anderen über →Revisionen gegen Berufungsurteile des Landgerichts. In Strafsachen entscheidet das Oberlandesgericht über Revisionen gegen Berufungsurteile des Landgerichts und in 1. Instanz über schwere staatsfeindliche, politische Kriminalität, etwa Hochverrat. Beim Oberlandesgericht entscheiden Senate, nicht etwa Kammern wie beim Landgericht. Sie bestehen aus drei Berufsrichtern, bei Strafverfahren 1. Instanz allerdings aus fünf Berufsrichtern. In Berlin heißt das Oberlandesgericht Kammergericht.

▷ **ordentliche Gerichtsbarkeit**

Das klingt für Laien etwas komisch und meint die Straf- und Zivilgerichtsbarkeit, die aus den →Amtsgerichten. →Landgerichten, →Oberlandesgerichten und dem →Bundesgerichtshof besteht (in Bayern auch aus dem →Bayerische Obersten Landgericht).

Nicht zur ordentlichen Gerichtsbarkeit gehören Arbeitsgerichte, Sozialgerichte, Verwaltungsgerichte, Patentgerichte.

▷ **Rechtspfleger**

In Erbschaftsachen, Unterhaltssachen und Grundbuchsachen entscheidet über Anträge der Erben, eines Unterhaltsberechtigten oder Grundstückseigentümers nicht ein Richter, sondern ein Rechtspfleger. Ein Rechtspfleger ist ein Justizbeamter des gehobenen Dienstes, also z. B. ein Justizinspektor oder ein Justizamtmann. Er hat eine dreijährige Beamtenausbildung absolviert, davon 18 Monate Fachhochschulausbildung.

▷ **Revision** →Berufung

▷ **Schöffengericht/Schwurgericht/Strafrichter**

In Strafsachen werden mittlere und Kleinkriminalität in erster Instanz vor dem Amtsgericht verhandelt, Schwerkriminalität vor dem *Landgericht*.

Beim Amtsgericht wiederum gibt es den *Strafrichter* – einen einzelnen Richter, der über Kleinstkriminaltät, etwa Ladendiebstahl, entscheidet – und das *Schöffengericht*, das bei mittelschweren Delikten, etwa Handtaschenraub, zuständig ist. Beim *Schöffengericht* sitzen links und rechts vom hauptberuflichen Richter (in Robe) Laienrichter (in Zivil), die so genannten *Schöffen*. Bei umfangreichen Fällen kann das Schöffengericht um einen hauptamtlichen Richter erweitert werden und heißt dann erweitertes Schöffengericht.

Aber Achtung: Nicht jeder, der in Zivil neben dem Richter sitzt, muss ein Schöffe sein. Es können auch Referendare – die »Azubis« des Richters – dort sitzen. Sie hören nur zu und haben keinerlei Funktion.

Beim Landgericht entscheiden in 1. Instanz die Großen Strafkammern, besetzt mit (je nach Umfang des Falls) zwei oder drei hauptamtlichen Richtern (in Robe) und zwei Schöffen (ähnlich wie beim Schöffengericht. Da aber hier mehr Hauptamtliche sitzen, heißt es nicht so).

Bei Schwerstkriminalität (z. B. Mord, Totschlag, schwerer Raub) entscheidet eine Große Strafkammer des Landgerichts, die den Namen *Schwurgericht* trägt. Der Name stammt noch aus jener Zeit, als auch in Deutschland bei Schwerstkriminalität Geschworene das Urteil bestimmten. Aber auch beim *Schwurgericht* sitzen lediglich zwei Laienrichter wie in jeder Großen Strafkammer.

▷ **Schwurgericht** →**Schöffengericht**

▷ **Senate**

Beim Oberlandesgericht und beim Bundesgerichtshof entscheiden Senate. Beim Oberlandesgericht bestehen sie aus drei hauptamtlichen Richtern, bei Strafsachen 1. Instanz aus fünf. Beim Bundesgerichtshof bestehen sie aus fünf hauptamtlichen Richtern.

▷ **Staatsanwalt/Amtsanwalt**

Derjenige, der gegen den →Angeklagten ermittelt hat und die Anklage in einem Strafprozess vorliest ist beim Landgericht, also bei einer Verhandlung vor einer Strafkammer immer eine richtiger Staatsanwalt. Bei Strafverfahren vor dem Amtsgericht, insbesondere bei Verkehrsdelikten und Kleinstkriminalität sitzt aber meist ein Amtsanwalt an der Stelle des Staatsanwaltes. Amtsanwälte sind keine studierten Juristen, sondern speziell ausgebildete →Rechtspfleger.

▷ **Strafbefehl**

Unter Umständen ist die Schuld des Täters gering, und es ist nur mit einer Geldstrafe oder einer geringen Freiheitsstrafe zu rechnen. Dann kann statt einer Verhandlung mit Urteil auch ein *Strafbefehl* (ohne Verhandlung) ergehen, der dem Beschuldigten per Post zugestellt wird.

Darin spricht der Richter eine Strafe aus. Wenn der Beschuldigte damit einverstanden ist, kann er die Strafe zahlen oder antreten, wenn nicht, kann er Einspruch einlegen und auf einer Gerichtsverhandlung bestehen.

▷ **Strafkammer/Kammergericht**

Die *Strafkammer* ist, s.o. unter →Schöffengericht, das Forum, vor dem beim Landgericht gegen Straftäter verhandelt wird. Wird in 1. Instanz verhandelt, so geschieht das vor einer großen Strafkammer (zwei oder drei Berufsrichter und zwei Schöffen) wird die Berufung verhandelt, so geschieht das vor einer kleinen Strafkammer (ein Berufsrichter, zwei Schöffen). Das *Kammergericht* gibt es nur in Berlin; es ist in Bedeutung und Zuständigkeit identisch mit den Oberlandesgerichten der anderen Bundesländer: *Kammergericht* ist nur der besondere Name für das Berliner Oberlandesgericht.

▷ **Strafrichter** →**Schöffengericht**

▷ **Unterbrechen** →**Vertagen**

▷ **Verdächtiger** →**Angeklagter**

▷ **Verhaftung** →**Festnahme**

▷ **Vertagen/Unterbrechen**

Wenn eine Gerichtsverhandlung vertagt wird, so beginnt sie irgendwann von vorn, also ganz von neuem. Wenn sie *unterbrochen* wird, so wird sie später dort fortgesetzt, wo sie zuvor aufgehört hat.

▷ **Vollzugshelfer** →**Wächter**

▷ **Vorsitzender Richter**

Der hauptamtliche Richter, der in der Mitte am Richtertisch sitzt. Er leitet die Verhandlung, stellt als Erster die Fragen und erteilt dann anderen Gerichtspersonen, z. B. im Strafprozess dem →Staatsanwalt und dem Verteidiger das Wort.

▷ **Wächter/Vollzugshelfer**

Die Männer und Frauen, die in der Justizvollzugsanstalt die Gefangenen bewachen und betreuen, heißen in korrektem Beamtendeutsch *Vollzugshelfer/Vollzughelferinnen*. Über den Begriff *Wächter oder Wächterin* ärgern sie sich sehr, weil es für sie abwertend klingt. Nur verwenden, wenn man es böse meint.

▷ **Widerspruch/Einspruch**

Im Streit mit der Verwaltung, zum Beispiel gegen einen abgelehnten Bauantrag legt man *Widerspruch* ein. Gegen einen →Bußgeldbescheid legt man aber *Einspruch* ein, ebenso gegen einen →Strafbefehl. Der Einspruch führt dazu, dass die Sache vor dem →Amtsgericht verhandelt wird.

Beim Widerspruch prüft zunächst eine andere, höhere Behörde den Widerspruch, bevor dann das Verwaltungsgericht entscheidet.

▷ **Zeugnisverweigerungsrecht/Aussageverweigerungsrecht/Auskunftsverweigerungsrecht**

Der Angeklagte muss sich zu den ihm gemachten Vorwürfen nicht äußern und hat somit ein *Aussageverweigerungsrecht* (noch genauer: Recht der Aussagefreiheit). Zeugen, die mit dem Angeklagten nahe verwandt sind oder aus beruflichen Gründen die Zeugenaussage verweigern dürfen, haben ein *Zeugnisverweigerungsrecht.* Ein Zeuge, der sich möglicherweise durch eine Zeugenaussage selbst einer Straftat bezichtigen würde, hat insoweit ein *Auskunftsverweigerungsrecht.*

▷ **Zivilkammern**

Bei den →Landgerichten sind für die Zivilgerichtsverfahren Zivilkammern zuständig. Sie bestehen aus drei Berufsrichtern, ganz gleich, ob es sich um Verfahren 1. Instanz oder um →Berufungen handelt.

12 *Ablauf einer Strafgerichtsverhandlung*

1. Die Hauptverhandlung beginnt mit dem Aufruf der Sache durch den Wachtmeister auf dem Gang oder über Lautsprecher.

2. Der Vorsitzende prüft, ob alle Angeklagten, Zeugen und Sachverständigen erschienen sind.

3. Die Zeugen werden über ihre Wahrheitspflicht belehrt und verlassen den Saal wieder, bis sie aufgerufen werden.

4. Der Angeklagte wird zur Person vernommen (Name, Alter, Beruf, Familienstand, Anschrift).

5. Der Staatsanwalt verliest die Anklage.

6. Der Angeklagte wird über sein Aussageverweigerungsrecht belehrt und, falls er aussagen will, zur Sache (dem Vorwurf) vernommen.

7. Die Beweisaufnahme beginnt, meist mit der Vernehmung der Zeugen und gegebenenfalls mit der Anhörung des Sachverständigen. Es können aber auch Schriftstücke verlesen werden. Der Angeklagte darf sich während der Beweisaufnahme nicht zu den Zeugenaussagen äußern, etwa den Zeugen etwas entgegenhalten. Er darf aber Fragen an die Zeugen stellen.

8. Nach Abschluss der Beweisaufnahme plädiert der Staatsanwalt, dann der Verteidiger.

9. Der Angeklagte hat das letzte Wort: Er darf noch einmal etwas zu dem Vorwurf, zur Tat, zu dem gesamten Verfahrensablauf oder den Plädoyers sagen.

10. Das Gericht zieht sich zur Beratung zurück und verkündet im Anschluss – bei umfangreichen Verhandlungen zu einem späteren Termin – das Urteil.

Wichtiges

❑ Die Richter müssen während der gesamten Verhandlung ständig anwesend sein.

❑ Die Verhandlung darf höchstens für zehn Tage unterbrochen werden. Haben schon zehn Verhandlungstage stattgefunden, so darf sie auch einmal für dreißig Tage unterbrochen werden. Werden diese Zeiträume überschritten, muss die gesamte Verhandlung von vorn beginnen.

Um die Fristen einzuhalten, genügt es nicht, dass das Gericht sich kurz trifft, sozusagen nur allen Beteiligten einen guten Tag wünscht und wieder von dannen zieht. Eine Verhandlung hat nur stattgefunden, wenn auch wirklich zur Sache etwas gesagt und darüber verhandelt wird.

❑ Die Öffentlichkeit und damit die Presse darf grundsätzlich stets anwesend sein.

Davon gibt es aber einige Ausnahmen. Die wichtigsten:

❑ immer bei Verhandlungen gegen Jugendliche

❑ bei der Vernehmung von Zeugen, die noch keine 16 Jahre alt sind.

❑ wenn aus der Intimsphäre oder engsten Privatsphäre des Angeklagten, eines Zeugen oder des Opfers erzählt wird auf Antrag des Betroffenen, z.B. bei sexuellem Missbrauch oder Vergewaltigung.

Schlusswort

Ich wünsche mir, dass Sie nach der Lektüre dieses Buchs ein Gespür für »presserechtsfestes« Recherchieren und Schreiben bekommen haben. Sie haben wohl gemerkt: Wer sich an die journalistische Sorgfalt hält, der kommt nicht oder nur selten mit dem Gesetz in Konflikt.

Es gibt aber auch Journalisten, die verstoßen zwar nicht gegen das Presserecht, aber gegen die journalistische Moral und ihren Arbeitsvertrag, indem sie ihre Leser mit erfundenen oder frisierten Geschichten belügen und betrügen. Sie nehmen den Lesern damit den Glauben an die kritische vierte Gewalt und machen den gesamten Berufsstand immer unglaubwürdiger.

Die zusammengesuchten, tristen Fakten werden mit etwas Phantasie »bunter« gemacht, und der »klaren Aussage« wegen entsteht aus vier etwas langweiligen realen Personen mit mittelmäßigen Erlebnissen eine interessante, aber leider künstliche Persönlichkeit, die verdammt viel durchgemacht hat. Oder man bastelt sich die Nachbarin, die den mutmaßlichen Mörder schon immer etwas merkwürdig und bedrohlich fand, oder den Postboten, zu dem er immer sehr freundlich war. Das, was die Leser angeblich lesen möchten, aber leider nicht mit ehrlichem Journalismus aufs Blatt zu kriegen ist, wird aus dem Hut gezaubert.

In einer Zeit, in der immer mehr Zeitschriften, Zeitungen, Radiostationen und Fernsehsender um Leser, Hörer und Zuschauer buhlen (die aber nicht mehr werden, sondern vom Überangebot eher abgeschreckt sind), ist der Kampf gegen die Konkurrenz, die Schlacht um Auflagen und Einschaltquoten offenbar nur mit Scharlatanerie zu gewinnen. Und die Verlage, die immer mehr zu reinen Wirtschaftsunternehmen werden, verlangen vor allem Gewinn, nicht unbedingt guten Journalismus.

»Bring mir folgende Geschichte: ... .«

»Wir brauchen unbedingt jemanden, der uns sagt, dass ... .«

»Außerdem müsste auch drinstehen, wie ...

Wenn du das schaffst, kriegst du den Aufmacher.«

Wer als Chefredakteur erfolgshungrige, nach einem großen Abdruck lechzende Journalisten so auf den Weg schickt, der muss sich nicht wundern, wenn er sie zu Betrügern am Leser macht. Und er darf nachher nicht den Täter auch noch wegen eines Betruges an sich, dem Anstifter, schelten.

Oliver Gehrs, damals Medienredakteur der Berliner Tageszeitung taz, hat vielleicht ein wenig übertrieben, im Grunde aber vollkommen Recht, wenn er schreibt:

»*Zweifelt an allem*!« (taz vom 22. 10. 1996, Seite 10)

Zugrundeliegende und eingearbeitete Literatur – Quellennachweis:

Bücher

Bappert/Mainz/Schricker: Verlagsrecht. 2. Auflage 1984

Damm/Kuner: Widerruf, Unterlassung und Schadensersatz in Presse und Rundfunk. 1. Auflage 1991

Tröndle/Fischer: Strafgesetzbuch-Kommentar, 49. Auflage 1999

Fromm/Nordemann: Urheberrecht. Kommentar zum Urheberrecht und Urheberwahrnehmungsrecht. 8. Auflage 1994

Hubmann/Rehbinder: Urheber- und Verlagsrecht. 8. Auflage 1995

Kleinknecht/Meyer-Goßner: Strafprozessrecht-Kommentar. 43. Auflage 1999

Löffler, Martin: Presserecht. 4. Auflage 1997

Prinz/Peters: Medienrecht. 1. Auflage 1999

Seitz/Schmidt/Schoener: Der Gegendarstellungsanspruch in Presse, Film, Funk und Fernsehen. 2. Auflage 1990

Soehring, Jörg: Presserecht. 2. Auflage 1995

Wolff, Dietmar: Schleichwerbung in Pressemedien. 1. Auflage 1997

Wenzel, Karl Egbert: Das Recht der Wort- und Bildberichterstattung. 4. Auflage 1994

Zeitschriftenaufsätze

(Die Namen der Zeitschriften sind abgekürzt; das Abkürzungsverzeichnis ist am Ende des Literaturverzeichnisses)

Eberle, Eugen: Gesetzeswidrige Medienöffentlichkeit beim Bundesverfassungsgericht?, in: NJW 1994, Seite 1637

Ehmann, Horst/Thorn, Karsten: Erfolgsort bei grenzüberschreitenden Persönlichkeitsverletzungen, in: AfP 1996, Seite 20

Eidenmüller, Horst: Der unliebsame Kritiker. Theaterkritik und Schmähkritik. in: NJW 1991, Seite 1493

Erdsiek, Gerhard: Umwelt und Recht. Störung der Rechtspflege durch Presseverstöße, in: NJW 1963, Seite 1048

Fabio, Udo Di: Persönlichkeitsrechte im Kraftfeld der Medienwirkung, in: AfP 1999, Seite 126

Fahrenholz, Peter: »Wer keine Hitze verträgt, soll die Küche meiden«, in: Frankfurter Rundschau vom 31. August 1999

Flechsig, Norbert P./Hertel, Felix/Vahrenhold, Olaf: Die Veröffentlichung von Unterlassungsurteilen und Unterlassungserklärungen, in: NJW 1994, Seite 2441

Foerste, Ulrich: Die Produkthaftung für Druckwerke, in: NJW 1991, Seite 1433

Franke, Dietmar: Zur Rechtmäßigkeit der Bildberichterstattung über Polizeieinsätze, in: NJW 1981, Seite 2033

Frömming, Jens/Peters, Butz: Die Einwilligung im Medienrecht, in: NJW 1996, Seite 958

Gehrs, Oliver: Zweifelt an allem, in: Die Tageszeitung (taz) vom 22. Oktober 1996, Seite 10

Grimm, Dieter: Die Meinungsfreiheit in der Rechtsprechung des BVerfG, in: NJW 1995, Seite 1697

Grimm, Dieter: Wir machen das Meinungsklima nicht. ZRP-Gespräch, in: ZRP 1994, Seite 276

Gröning, Jochen: Hintertüren für redaktionelle Werbung? – Aufdeckung und Bekämpfung redaktioneller Werbung nach der neuesten Rechtsprechung des Bundesgerichtshofes, in: WRP 1993, Seite 685

Gross, Rolf: Öffentliche Aufgabe der Presse und Pressefreiheit. in NJW 1963, Seite 893

Gross, Rolf: Zum Begriff des Presseinhaltsdeliktes, in: NJW 1996, Seite 638

Hildisch, Volker: Ein GmbH-Titel schützt vor Recherchen nicht, in: Stuttgarter Zeitung vom 23. Juli 1996

Hoffmann-Riem, Wolfgang: Massenmedien, in: Handbuch des Verfassungsrechts. 1. Auflage 1984, Seite 389

Huff, Martin W.: Prinzessin Caroline von Monaco erhält 180 000 DM Schmerzensgeld, in: Frankfurter Allgemeine Zeitung vom 26. Juli 1996

Jarass, Hans D.: Rechtsfragen der Öffentlichkeitsarbeit, in: NJW 1981, Seite 193

Kiesel, Manfred: Die Liquidierung des Ehrenschutzes durch das BVerfG, in: NVwZ 1992, Seite 1129

Kiethe, Kurt/Fruhmann, Gabriele: Das OLG München zur Meinungsäußerungsfreiheit bei kritischen Äußerungen über ein Unternehmen, in: MDR 1994, Seite 29

Kriele, Martin: Ehrenschutz und Meinungsfreiheit, in: NVwZ 1994, Seite 1897

Larenz: Anmerkung zur Herrenreiter-Entscheidung, in: NJW 1958, Seite 827

Löffler, Martin: 19. Arbeitstagung des Studienkreises für Presserecht und Pressefreiheit, in: NJW 1966, Seite 920

Macht, Klaus: Die Zulässigkeit der Veröffentlichung illegal erlangter Informationen, in AfP 1999, Seite 317

Müller, Ulrich Ch.: Zur Rechtmäßigkeit der Bildberichterstattung über Polizeieinsätze, in: NJW 1981, Seite 863

Otto, Harro: Anmerkung zur Entscheidung des AG Mainz, 302 Js 14.658/91 – 20 Ls, in: NstZ 1995, 349

Pichler, Rufus: Meinungsfreiheit, Kunstfreiheit und neue Medien, in: AfP 1999, Seite 429

Pöppelmann, Benno: Gesetz zur Änderung des Saarländischen Pressegesetzes, in: AfP 1994, Seite 100

Pöppelmann, Benno: »Kunstgriffe« der Justiz. Ein Plädoyer für die Änderung des Zeugnisverweigerungsrechts für Beschäftigte bei Presse und Rundfunk, in AfP 1997, Seite 485

Prinz, Matthias: Der Schutz der Persönlichkeitsrechte vor Verletzung durch die Medien, in: NJW 1995, Seite 817

Prinz, Matthias: Geldentschädigung bei Persönlichkeitsrechtsverletzungen durch Medien, in: NJW 1996, Seite 953

Prinz, Matthias: Nochmals: Gegendarstellung auf dem Titelblatt einer Zeitschrift, in: NJW 1993, Seite 3039

Rehm, Gebhard M.: Persönlichkeitsschutz der Unterhaltungsmedien, in: AfP 1999, Seite 416

Ricker, Reinhart: Rechte und Pflichten der Medien unter Berücksichtigung des Rechtsschutzes des einzelnen, in: NJW 1990, Seite 2097

Rühl, Ulli F. M.: Tatsachenbehauptungen und Wertungen, in: AfP 2000, Seite 17

Scheele, Michael: Zur Reform des Gegendarstellungsanspruchs, in: NJW 1992, Seite 957

Schippan, Martin: Anforderungen an die journalistische Sorgfalt, in: ZUM 1996, Seite 398

Schmidt, German/Seitz, Walter: Nochmals: Zur Reform des Gegendarstellungsrechts, in: NJW 1992, Seite 2400

Schmuck, Michael: Schlank und schön, in: Die Tageszeitung (taz) vom 13. Dezember 1994, Seite 18

Schneider, Franz: Anmerkung zu BGH 1 StR 478/62 (Pressefreiheit), in: NJW 1963, Seite 665

Sedelmeier, Klaus: Persönlichkeitsrecht und Bildberichterstattung, in: AfP 1999, Seite 450

Seitz, Walter: Saarländisches Gegendarstellungsrecht, in: NJW 1994, Seite 2922

Sendler, Horst: Liberalität oder Libertinage?, in: NJW 1993, Seite 2157

Soehring, Jörg: Die neuere Rechtsprechung zum Presserecht, in: NJW 1994, Seite 16.

Soehring, Jörg: Ehrenschutz und Meinungsfreiheit, in: NJW 1994, Seite 2926

Steffen, Erich: Persönlichkeitsschutz und Pressefreiheit sind keine Gegensätze. ZRP-Gespräch, in: ZRP 1994, Seite 196

Uhlitz, Otto: Gewerbeschädigende Werturteile. (Besprechung von BGH VI ZR 261/64, »Höllenfeuer«), in: NJW 1966, Seite 2097

Ullmann, Eike: Persönlichkeitsrechte in Lizenz?, in: AfP 1999, Seite 209

Verfassungsrechtsausschuss des DAV: Gerichtsberichterstattung; Stellungnahme zur *Verfasssungsbeschwerde des Senders ntv*, in: DAV-Anwaltsblatt 1997, Seite 26

Weberling, Johannes/Möller, Ulrich: Internetrecht, in: Planung & Analyse 1/2000, Seite 81 ff

Weck, Roger de: Die Gier der Medien, in: Die ZEIT vom 29.12.1999, Seite 1

Wenzel, Karl Egbert: Anmerkung zu BGH 234/67, in: NJW 1970, Seite 187

Wolf, Gerhard: Gerichtsberichterstattung – künftig live im Fernsehen?, in: ZRP 1994, Seite 187

Zechlin, Lothar: Anmerkung zu BGH VI ZR 139/80 (Satirisches Gedicht), in: NJW 1983, Seite 1195

Zuck, Rüdiger: Focus-Hokuspokus: die 500 besten Anwälte, in: NJW 1994, Seite 297

Zuck, Rüdiger: Court TV: Das will ich sehen, in: NJW 1995, Seite 2082

Wichtige Gerichtsentscheidungen

Bundesverfassungsgericht – 1 BvR 400/57 – (Grundrecht auf freie Meinungsäußerung – *Lüth*), NJW 1958, Seite 257

Bundesverfassungsgericht – 1 BvR 586/62, 1 BvR 610/63, 1 BvR 512/64 – (Durchsuchung von Presseräumen – *Spiegel*), NJW 1966, Seite 1603

Bundesverfassungsgericht – 1 BvR 619/63 – (Boykott eines Presseunternehmens mit wirtschaftlichem Druck – *Blinkfüer*), NJW 1969, Seite 1161

Bundesverfassungsgericht – 1 BvR 536/72 – (Namensnennung bei Straftätern – »*Lebach*«), NJW 1973, Seite 1226

Bundesverfassungsgericht – 1 BvR 797/78 – (Persönlichkeitsrecht contra Meinungsfreiheit – *Böll*), NJW 1980, Seite 2072

Bundesverfassungsgericht – 1 BvR 1376/79 – (»*Die NPD von Europa*«), NJW 1983, Seite 1415

Bundesverfassungsgericht – 1 BvR 272/81 – (Rechtswidrig beschaffte Informationen – *Günther Wallraff*), NJW 1984, Seite 1741

Bundesverfassungsgericht – 1 BvL 15/84 – (Strafbarkeit der wörtlichen Veröffentlichung aus Anklageschriften – *Flick*), NJW 196, Seite 1239

Bundesverfassungsgericht – 1 BvR 382/85 –
(*Abhören eines Dienstgespräches* durch Arbeitgeber), NJW
1992, Seite 815

Bundesverfassungsgericht – 1 BvR 33/87 –
(*Auskunftspflicht der Presse* gegenüber Steuerbehörden),
NJW 1990, Seite 701

Bundesverfassungsgericht – 1 BvR 1555/88 –
(Abgrenzung von Tatsachenbehauptung und Meinung –
Bayer-Konzern), NJW 1992, Seite 1439

Bundesverfassungsgericht – 1 BvR 574, 547/89 –
(Schutz der Meinungsfreiheit für *Leserbrief*), NJW 1991,
Seite 3023

Bundesverfassungsgericht – 1 BvR 1165/89 –
Begriff der Schmähkritik – »Zwangsdemokrat«/*Franz Josef
Strauß*), NJW 1991, Seite 95

Bundesverfassungsgericht – 1 BvR 221/90 –
(*Meinungsfreiheit auch für Fragen*), NJW 1992, Seite 1442

Bundesverfassungsgericht – 1 BvR 514/90 –
(Bezeichnung eines gelähmten Offiziers als »*geb. Mörder*«
und als »*Krüppel*«), NJW 1992, Seite 2073

Bundesverfassunsgericht – 1 BvR 1143/90 –
(Urheberrecht an DIN-Normen), AfP 1999, Seite 54

Bundesverfassungsgericht – 1 BvR 1476/91; 1 BvR
1980/91; 1 BvR 102/921; 1 BvR 221/92 –
(Zum Verhältnis von Meinungsfreiheit und *Ehrenschutz bei*

Kollektivurteilen über Soldaten), AfP 1996, Seite 50 = NJW 1995, Seite 3303

Bundesverfassungsgericht – 1 BvR 1770/91 – (Bezeichnung einer Abschiebehaftmaßnahme als »*Gestapo-Methoden*«), NJW 1992, Seite 2815

Bundesverfassungsgericht – 1 BvQ 19/92 – (Zulassung als Journalist zum *Honecker-Prozess*), NJW 1993, Seite 915

Bundesverfassungsgericht – 1 BvR 205/92 – (Fernsehbericht über Korruptionsprozess), NJW 1993, Seite 1463

Bundesverfassungsgericht – 1BvR 1274/92 – (*Gehaltsliste der Stasi*, Sorgfaltspflicht), AfP 1999, Seite 159

Bundesverfassungsgericht – 1 BvR 1432/92 – (Zur Zulässigkeit eines Aufklebers mit der Inschrift »*Soldaten sind Mörder*«), AfP 1994, Seite 286

Bundesverfassungsgericht – 1 BvR 1595/92, 1606/92 – (Fernsehberichterstattung vom *Honecker-Prozess*), NJW 1992, Seite 3288

Bundesverfassungsgericht – 1 BvR 1595/92, 1606/92 – (Zulässigkeit von Fernsehaufnahmen außerhalb der Hauptverhandlung – *Honecker-Prozess*), NJW 1995, Seite 184

Bundesverfassungsgericht – 1 BvR 151/93 – (Unterlassung einer Schmähkritik – *Heinrich Böll*), NJW 1993, Seite 1462

Bundesverfassungsgericht – 1 BvR 172/93 –
(Pressebericht über *getilgte Vorstrafe*), NJW 1993, Seite 1463

Bundesverfassungsgericht – 1 BvR 1861/93, 1 BvR 1864/96, 1 BvR 2073/97 –
(Gegendarstellungen und Richtigstellungen auf der Titelseite), AfP 1998, Seite 184

Bundesverfassungsgericht – 1 BvR 2126/93 –
(Fotos auf satirischem Plakat), AfP 1999, Seite 254

Bundesverfassungsgericht – 1 BvR 733/94 –
(*Fotografierverbot* in und vor dem Sitzungssaal), NJW 1996, Seite 310

Bundesverfassungsgericht – 1 BvR 1082/95 –
(Fotos zu Werbezwecken), AfP 2000, Seite 163

Bundesverfassungsgericht – 2 BvR 1439/95 –
(Presseinterview in *Auslieferungshaft*), NJW 1996, Seite 983

Bundesverfassungsgericht – 1 BvR 2623/95 –
(*Bildberichterstattung über Gerichtsverfahren* – ntv), NJW 1996, Seite 581 = AfP 1996, Seite 129

Bundesverfassungsgericht – 1 BvQ 4/96 –
(Keine einstweilige Anordnung gegen Verpflichtung zum Abdruck einer *Gegendarstellung*), ZUM 1996, Seite 594

Bundesverfassungsgericht – 1 BvR 131/96 –
(Nennung des eigenen Namens), AfP 1998, Seite 386

Bundesverfassungsgericht – 1 BvR 1531/96 –
(*Persönlichkeitsrechtverletzung* bei Zuschreibung einer *Gruppenzugehörigkeit*), AfP 1999, Seite 57

Bundesverfassungsgericht – 1 BvR 1935/96, 1 BvR 1945/96, 1 BvR 1946/96 –
(Rechtsschutz gegen Beschlagnahme in Redaktionen), AfP 1998, Seite 204

Bundesverfassungsgericht – 1 BvR 2000/96 –
(Satirischer Gehalt von Äußerungen), AfP 1998, Seite 52

Bundesverfassungsgericht – 1 BvR 765/97 –
(Bericht über *Freispruch* bei vorheriger Verdachtsberichterstattung), AfP 1997, Seite 619

Bundesverfassungsgericht – 1 BvR 348/98, 1 BvR 755/98 –
(Ausstrahlung eines Fernsehspiels über eine Straftat – Lebach), AfP 2000, Seite 160

Bundesverfassungsgericht – 1 BvR 1435/98 –
(Abgrenzung Tatsachenbehauptung – Meinung), AfP 1998, Seite 500

Bundesverfassungsgericht – 1 BvR 622/99 –
(Verbot von *Fernsehbildern im Gerichtssaal*), AfP 1999, Seite 256

Bundesgerichtshof – I ZR 151/56 –
(*Persönlichkeitsrechtsverletzung* durch Werbefoto – »*Herrenreiter*«), NJW 1958, Seite 827

Bundesgerichtshof – VI ZR 204/60 –
(Persönlichkeitsrechtsverletzung durch die Presse –
»*Kriegswaffen*«), NJW 1962, Seite 32

Bundesgerichtshof – VI ZR 259/60 –
(Verletzung des Persönlichkeitsrechts – *Werbung für Medikamente*), NJW 1961, Seite 2059)

Bundesgerichtshof – VI ZR 73/61 –
(Kritische Würdigung eines Politikers –
Flüchtlingsverbände), NJW 1962, Seite 152

Bundesgerichtshof – VI ZR 54/62 –
(Anspruch auf *Gegendarstellung/*Rechtsweg), NJW 1963,
Seite 1155

Bundesgerichtshof – VI ZR 55/62 –
(Schmerzensgeld bei *Ehrverletzung* – Fernsehansagerin),
NJW 1963, Seite 902

Bundesgerichtshof – I b ZR 214/62 –
(Freie Meinungsäußerung und Wettbewerb – »*Blinkfüer*«),
NJW 1964, Seite 29

Bundesgerichtshof – VI ZR 478/62 –
(Begriff der *Pressefreiheit/*Wahrnehmung berechtigter Interessen), NJW 1963, Seite 665

Bundesgerichtshof – VI ZR 64/63 –
(Bericht über Privatleben – »*Sittenrichter*«), NJW 1964, Seite 1471

Bundesgerichtshof – VI ZR 201/63 –
(Erdichtetes Interview – *Soraya*), NJW 1965, Seite 685

Bundesgerichtshof – VI ZR 16/64 –
(*Kritik am Persönlichkeitsbild* eines politischen Publizisten – »glanzlose Existenz«), NJW 1965, Seite 1476

Bundesgerichtshof – VI ZR 261/64 –
(Gewerbeschädigende Werturteile im Meinungskampf – »*Höllenfeuer*«), NJW 1966, Seite 1617

Bundesgerichtshof – VI ZR 234/67 –
(*Sorgfaltspflicht* bei Produktbericht/Zitat), NJW 1970, Seite 187

Bundesgerichtshof – VI ZR 223/68 –
(*Haftung des Verlegers bei Druckfehler*, der ärztlichen Fehler verursachte), NJW 1970, Seite 1963

Bundesgerichtshof – VI ZR 36/74 –
(Persönlichkeitsrechtsverletzung durch *Verdachtsberichterstattung*/Wahrnehmung berechtigter Interessen), NJW 1977, Seite 1288

Bundesgerichtshof – VI ZR 246/74 –
(Persönlichkeitsrechtsverletzung durch *falsche Darstellung*), NJW 1976, Seite 1198

Bundesgerichtshof, Ermittl.Richter – 1 BJs 92/75, StB 235/78 – (*Zeugnisverweigerungsrecht der Presse – Spiegel*), NJW 1979, Seite 1212

Bundesgerichtshof – VI ZR 272/75 –
(Zivilrechtliche *Haftung des verantwortlichen Redakteurs*), NJW 1977, Seite 626

Bundesgerichtshof – VI ZR 137/77 –
(*Veröffentlichung eines Telefongesprächs* zwischen Politikern), NJW 1979, Seite 647

Bundesgerichtshof – VI ZR 108/78 –
(*Werbung mit Foto* eines Fußballtorwarts), NJW 1979, Seite 2205

Bundesgerichtshof – I ZR 93/79 –
(*Unzulässige Kritik am Konkurrenzblatt*), AfP 1982, Seite 107

Bundesgerichtshof – VI ZR 162/79 –
(Verwertung illegaler Informationen – *Günter Wallraff*), NJW 1981, Seite 1089

Bundesgerichtshof – I ZR 118/80 –
(*Abdruck von Kunstwerken* in Zeitungen – Pressebericht und Kunstwerkwiedergabe I), NJW 1983, Seite 1196

Bundesgerichtshof – I ZR 119/80 –
(*Abdruck von Kunstwerken* in Zeitungen – Pressebericht und Kunstwerkwiedergabe II), NJW 1983, Seite 1199

Bundesgerichtshof – VI ZR 139/80 –
(Persönlichkeitsrechtsverletzung durch *satirisches Gedicht*), NJW 1983, Seite 1194

Bundesgerichtshof – VI ZR 200/80 –
(Verletzung des Persönlichkeitsrechts durch *unrichtiges Zitieren*), AfP 1982, Seite 28

Bundesgerichtshof – I ZR 32/82 –
(*Urheberrechtsschutzfähigkeit* von Schriftwerken – Ausschreibungsunterlagen), NJW 1985, Seite 1631

Bundesgerichtshof – I ZR 13/84 –
(Wettbewerbsabsicht bei Pressekritik – *Gastronomiekritiker*), NJW 1987, Seite 1082

Bundesgerichtshof – I ZR 29/88 –
(Berichterstattung über einen bestimmten *Schönheits-Chirurgen*), NJW 1990, Seite 1529

Bundesgerichtshof – VI ZR 160/84 –
(Zur Sorgfaltsanforderung bei Veröffentlichungen der *Stiftung Warentest*), AfP 1986, Seite 47

Bundesgerichtshof – 3 StR 129/85 –
(*Verjährungsbeginn* bei Verbreitung von Druckwerken), NJW 1986, Seite 331

Bundesgerichtshof – VI ZR 169/85 –
(Veröffentlichung *ehrverletzender Äußerungen* Dritter), NJW 1986, Seite 2503

Bundesgerichtshof – I ZR 247/85 –
(»Mit Verlogenheit zum Geld«/Abgrenzung von *Tatsachenbehauptung und Meinungsäußerung*), GRUR 1988, Seite 402

Bundesgerichtshof – VI ZR 269/85 –
(Zulässigkeit beispielhafter *Herausstellung bestimmter Produkte* bei kritischer Berichterstattung), AfP 1986, Seite 62

Bundesgerichtshof – VI ZR 83/87 –
(*Tonbandmitschnitt*), GRUR 1988, Seite 399

Bundesgerichtshof – I ZR 160/87 –
(*Unvollständiges Impressum*), NJW 1990, Seite 1991

Bundesgerichtshof (Ermittl.Richter) – II BGs 355/89 d.
GBA –
(*Zeugnisverweigerungsrecht für Journalisten*), NJW 1990,
Seite 525

Bundesgerichtshof – I ZR 119/90 –
(*Erstbegehungsgefahr bei verbotenen Anzeigen*), NJW
1992, Seite 2765

Bundesgerichtshof – I ZR 166/90 –
(*Prüfungspflicht bei Anzeigen* – ausländischer Inserent),
NJW 1992, Seite 3093

Bundesgerichtshof – I ZR 316/91 –
(Zum Umfang der *Prüfungspflicht des Redakteurs* auf grobe Wettbewerbsverstöße bei Werbeanzeigen für Schlank-
heitsmittel), MD, Heft 6/94, Seite 520

Bundesgerichtshof – VI ZR 344/91 –
(Abgrenzung von *Tatsachenbehauptungen und Werturtei-
len*), NJW 1993, Seite 930

Bundesgerichtshof – I ZR 108/92 –
(*Bio-Tabletten/Bunte*), Eildienst bundesgerichtliche Entscheidungen 1994, Seite 333

Bundesgerichtshof – I ZR 147/92 –
(*Prüfungspflicht des Verlegers* bei Anzeigen), NJW 1995,
Seite 870

Bundesgerichtshof – I ZR 162/92 –
(*Preisrätselgewinnauslobung II*), WRP 1994, Seite 816

Bundesgerichtshof – I ZR 167/92 –
(*Produktwerbung* für Arzneimittel in *redaktionellem
Beitrag*), NJW-RR 1994, Seite 1385

Bundesgerichtshof – I ZR 104/93 –
(*Preisrätselgewinnauslobung I*), MD, Heft 10/94, Seite 850

Bundesgerichtshof – I ZR 58/93 –
(*Wirtschaftswerbung in Kinofilmen* – Feuer, Eis und Dynamit I), NJW 1995, Seite 3177

Bundesgerichtshof – 1 ZR 91/93 –
(Vertrieb von Likörflaschen mit sexuell anzüglichen Motiven – *Busengrabscher und Schlüpferstürmer*)

Bundesgerichtshof – I ZR 183/93 –
(*Redaktionelle Werbung*/Preisrätselgewinnauslobung IV),
MDR 1997, Seite 56

Bundesgerichtshof – I ZR 227/93 –
(Zur *wettbewerbsrechtlichen Haftung eines Unternehmens*
für die Veröffentlichung eines Pressebeitrages), AfP 1996,
Seite 64

Bundesgerichtshof – VI ZR 252/93 –
(Zur Auslegung der *Behauptung »Pleite gehen«*), AfP 1994,
Seite 218

Bundesgerichtshof – VI ZR 273/93 –
(Abgrenzung zwischen *Tatsachenbehauptung und Meinungsäußerung* – verdeckte Aussage), NJW-RR 1994, Seite 1242

Bundesgerichtshof – VI ZR 274/93 –
(Abgrenzung zwischen *Tatsachenbehauptung und Meinungsäußerung*), NJW-RR 1994, Seite 1246

Bundesgerichtshof – I ZR 2/94 –
(*Wirtschaftswerbung in Kinofilmen* – Feuer, Eis und Dynamit II), NJW 1995, Seite 3182

Bundesgerichtshof – I ZR 29/94 –
(Anscheinsbeweis bei redaktioneller Werbung), AfP 1998, Seite 54

Bundesgerichtshof – VI ZR 52/94 –
(Zum zulässigen *Abdruck eines Schauspielerfotos* auf der Titelseite einer Kundenzeitschrift), AfP 1995, Seite 495

Bundesgerichtshof – I ZR 53/94 –
(*Kennzeichnung von Werbung* als Anzeige), NJW 1996, Seite 2580

Bundesgerichtshof – VI ZR 56/94 –
(Gewinnerzielungsabsicht als Bemessungsfaktor der *Schmerzensgeldhöhe/Prinzessin Caroline*), NJW 1995, Seite 861

Bundesgerichtshof – I ZR 79/94 –
(*Redaktionelle Werbung*/Preisrätselgewinnauslobung III), MDR 1997, Seite 54

Bundesgerichtshof – I ZR 196/94 –
(Die besten Ärzte), AfP 1997, 795 = MDR 1997, Seite 1143

Bundesgerichtshof – 3 StR 221/94 –
(*Eintritt der Presseverjährung*), NJW 1995, Seite 893

Bundesgerichtshof – VI ZR 223/94 –
(Geldentschädigung wegen wiederholter Beeinträchtigung des Rechts am eigenen Bild/ *Sohn von Prinzessin Caroline*), NJW 1996, Seite 985

Bundesgerichtshof – I ZR 226/94–
(Irreführung durch Abdruck von *unbestellten Füllanzeigen*), MDR 1997, Seite 475

Bundesgerichtshof – VI ZR 332/94 –
(Persönlichkeitsrechtsverletzung und Höhe der Geldentschädigung – *Caroline von Monaco*), NJW 1996, Seite 984

Bundesgerichtshof – VI ZR 386/94 –
(*Persönlichkeitsrechtsverletzung* durch Verbreiten von herabsetzenden Tatsachenbehauptungen in Form eines Zitates), NJW 1996, Seite 1131 = ZUM 1996, Seite 409

Bundesgerichtshof – VI ZR 410/94 –
(*Recht am eigenen Bild* beim Abdruck eines Porträts auf einer Münze), AfP 1996, Seite 66

Bundesgerichtshof – VI ZR 323/95 –
(Distanzierung von Zitaten), ZUM 1997, Seite 267

Bundesgerichtshof – VI ZR 15/95 –
(Verbot der Veröffentlichung heimlich gemachter *Fotos aus*

dem Privatbereich), AfP 1996, Seite 140 = NJW 1996, Seite 1128 = ZUM 1996, Seite 405

Bundesgerichtshof – I ZR 154/95 –
(Die 500 besten Anwälte), AfP 1997, Seite 797 = MDR 1997, Seite 1144

Bundesgerichtshof – VI ZR 102/96–
(Isolierte Betrachtung einer *komplexen Äußerung*), AfP 1997, Seite 634

Bundesgerichtshof – I ZR 120/96–
(Urheberrechtswidrige Anzeigen), AfP 1998, Seite 624

Bundesgerichtshof – VI ZR 196/97 –
(Nicht genehmigte Filmaufnahmen), AfP 1998, Seite 399

Bundesgerichtshof StB 14/98 –
(Beschlagnahme eines Bekennerschreibens an einen freien Journalisten), AfP 1999, Seite 268

Bundesverwaltungsgericht – 7 C 139/81 –
(Kein verfassungsunmittelbarer *Auskunftsanspruch* der Presse gegenüber dem Rundfunk), NJW 1985, Seite 1655

Bundesverwaltungsgericht – 7 CB 81/87 –
(*Übersendung von Gerichtsurteilen an die Presse*), NJW 1988, Seite 1746

Bundesverwaltungsgericht – 3 B 85/90 –
(Unzulässige Presseerklärung), NJW 1992, Seite 62

Bundesverwaltungsgericht – 7 B 131 / 91 –
(*Presserechtliche Gleichbehandlung von Zeitungen* durch Behörden), NJW 1992, Seite 1339

Bundesverwaltungsgericht – 7 B 170 / 92 –
(*Übersendung von Gerichtsentscheidungen* an Fachzeitschriften), NJW 1993, Seite 675

Verfassungsgerichtshof Berlin – VerfGH 19 / 93 –
(Zugang eines Journalisten zu einem *Untersuchungshäftling*), NJW 1994, Seite 3343

Bayerisches Oberstes Landesgericht – RReg. 1 Z 19 / 70 –
(Abdruckverlangen einer *Gegendarstellung*), NJW 1970, Seite 1927

Bayerisches Oberstes Landesgericht – 3 Ob Owi 97 / 85 –
(*Gegendarstellungsrecht* verfassungsgemäß), AfP 1986, Seite 127

Bayerisches Oberstes Landesgericht – 4 St RR 81 / 94 –
(Darstellung der maßgeblichen Umstände für Auslegung als *Tatsachenbehauptung*), NJW 1995, Seite 2501

Kammergericht Berlin – 9 U 4803 / 89 –
(*Zivilrechtliche Haftung* für Presseartikel), NJW 1991, Seite 1490

Kammergericht Berlin – 25 U 1638 / 91 –
(*Werbung für Radarwarngeräte*), MD, Heft 12 / 1991, Seite 733

Kammergericht Berlin – Kart U 3815/91 –
(*Werbende Presseveröffentlichung* in Kundenzeitschriften),
MD, Heft 1/94, Seite 43

Kammergericht Berlin – 5 U 6841/92 –
(*Redaktionelle Werbung*/Veranstaltung von Preisrätseln)
MD, Heft 4/94, Seite 370

Kammergericht Berlin – 25 U 2091/93 –
(*Werbung für Hautcreme* mit »Lifting Cream«), MD, Heft
2/1994, Seite 127

Kammergericht Berlin – 25 U 2801/93 –
(*Haftung des Presseinformanten* für täuschende Presseveröffentlichungen), MD, Heft 9/94, Seite 739

Kammergericht Berlin – 25 U 4556/93 –
(*Werbung für Mate-Kapseln* mit » ... Abnehmen«), MD, Heft
9/94, Seite 750

Kammergericht Berlin – 5 U 6524/93 –
(Kombination von redaktionellem Beitrag und Anzeige),
MD, Heft 5/94, Seite 438

Kammergericht Berlin – 25 U 6798/93 –
(*Werbung für Trimmgerät* mit irreführenden Wirkungsbehauptungen), MD, Heft 9/94, Seite 794

Kammergericht Berlin – 5 U 7798/93 –
(Übernahme von 24 Comiczeichnungen in ein Buch), AfP
1997, Seite 527

Kammergericht Berlin – 25 U 3069/94 –
(*Abspecken mit Genuß/Günter Strack*), WRP 1994, Seite 871

Kammergericht Berlin – 9 U 2979/96 –
(Gegendarstellung gegen Äußerung im Kommentar), AfP 1997, Seite 721

Kammergericht Berlin – 5 U 8442/97–
(Gleichbehandlung der Presse durch eine Behörde/Aktualitätsvorsprung), AfP 1998, Seite 630

Kammergericht Berlin – 9 W 6373/98 –
(*Verdachtsberichterstattung* gegen den Staat), AfP 1999, Seite 361

Kammergericht Berlin – 9 U 1609/99 –
(*Gesamtschau* eines Artikels), AfP 1999, Seite 369

Oberlandesgericht Brandenburg – 1 U 23/94 –
(*Text- und Bildberichterstattung* durch einen Fernsehsender *während eines laufenden Ermittlungsverfahrens*), NJW 1995, Seite 886

Oberlandesgericht Brandenburg – 1 W 17/95 –
(Abgrenzung von *Tatsachenbehauptung und Meinungsäußerung* – »Nichtstun«), NJW 1996, Seite 1002

Oberlandesgericht Brandenburg – 6 W 44/98 –
(*Prüfung von Anzeigen*), AfP 1999, Seite 360

Oberlandesgericht Bremen – 1 W 91/77 –
(*Schriftform des Gegendarstellungsverlangens*), AfP 1978, Seite 157

Oberlandesgericht Celle – 1 Ss 94/87 –
(Abgrenzung von *Tatsachenbehauptung und Meinung*),
NJW 1988, Seite 353

Oberlandesgericht Celle – 13 U 189/95 –
(Zur *Verantwortlichkeit eines Chefredakteurs* für den Gegendarstellungsanspruch), AfP 1996, Seite 274 = NJW 1996, Seite 1149

Oberlandesgericht Celle – 13 U 34/96 –
(Kritik an der Leistung eines Profifußballers), AfP 1997, Seite 819

Oberlandesgericht Dresden – 12 U 1734/95 –
(Zum Vorliegen einer *unerlaubten Rechtsberatung* bei redaktioneller Behandlung konkreter Einzelfälle), AfP 1996, Seite 180

Oberlandesgericht Dresden – 4 U 1392/97 –
(Berichterstattung über einen »Täter« nach Freispruch), AfP 1998, Seite 410

Oberlandesgericht Düsseldorf – 15 U 220/84 –
(Abdruck einer Gegendarstellung mit der Überschrift *»Gegendarstellung«*), NJW 1986, Seite 1270

Oberlandesgericht Düsseldorf – 15 U 118/85 –
(Zum Veröffentlichkeitsanspruch bei *Schmähkritik* – »Oberfaschist«), NJW 1986, Seite 1262

Oberlandesgericht Düsseldorf – 20 U 30/87 –
(Urheberrecht am *Anwaltsschriftsatz*), NJW 1989, Seite 162

Oberlandesgericht Düsseldorf – 2 Ss 391/90 – 17/91 II – (*Beleidigung bei Satiren und Glossen*), NJW 1992, Seite 1335

Oberlandesgericht Düsseldorf – 2 Ss 393/91 – 130/91 II – (Pressefreiheit auch für *Leserbrief*), NJW 1992, Seite 1336

Oberlandesgericht Düsseldorf – 2 U 32/97 – (Interviewäußerungen über Konkurrenten), AfP 2000, Seite 175

Oberlandesgericht Düsseldorf – 20 U 64/97 – (Rechtsberatung in Ratgebersendung), AfP 1998, Seite 232

Oberlandesgericht Düsseldorf – 20 U 153/98 – (Wettbewerb zwischen Ratgebersendung und Rechtsanwalt), AfP 2000, Seite 193

Oberlandesgericht Frankfurt/M. – 7 W 19/65 – (Abdruck einer *Gegendarstellung* mit angehängter unzulässiger Glossierung), NJW 1965, Seite 2163

Oberlandesgericht Frankfurt/M. – 6 U 174/83 – (*Trennung von Redaktion und Werbung*), NJW 1985, Seite 1647

Oberlandesgericht Frankfurt/M. – 6 U 17/84 – (Verantwortlichkeit für den wettbewerbswidrigen *Inhalt von Anzeigen*), NJW 1985, Seite 1648

Oberlandesgericht Frankfurt/M. – 6 U 206/86 – (Konkretisierung des *Unterlassungsversprechens*), GRUR 1988, Seite 563

Oberlandesgericht Frankfurt/M.- 22 W 36/87 –
(Platz und Schrift einer *Gegendarstellung*), NJW 1988, Seite 350

Oberlandesgericht Frankfurt/M. – 16 U 245/93 –
(*Filmaufnahmen* von Sektenmitgliedern I), NJW 1995, Seite 876

Oberlandesgericht Frankfurt/M. – 6 W 126/95 –
(*Vergleichender Weingütertest* in einer Zeitschrift), NJW 1996, Seite 1146

Oberlandesgericht Frankfurt/M. – 6 U 296/95 –
(*Filmaufnahmen* von Sektenmitgliedern II), NJW 1995, Seite 878

Oberlandesgericht Frankfurt/M. – 11 U 28/99 –
(Unzulässiger Abdruck von Nacktfotos einer Prominenten) AfP 2000, Seite 185

Oberlandesgericht Hamburg – 3 W 4/70 –
(*Pressebericht über Scheidungsabsichten* einer Adligen – von Preußen), NJW 1970, Seite 1325

Oberlandesgericht Hamburg – 3 U 148/76 –
(Verbrauchter oder verspäteter *Gegendarstellungsanspruch*), AfP 1978, Seite 158

Oberlandesgericht Hamburg – 3 U 76/81 –
(Rechtsanwalt als *Person der Zeitgeschichte*), AfP 1982, Seite 177

Oberlandesgericht Hamburg – 1 Ss 168/84 –
(Beleidigung durch *Satire* – »Schwein«), NJW 1985, Seite
1654

Oberlandesgericht Hamburg – 3 U 249/84 –
(Unzutreffende Zuschreibung von Äußerungen als *Persön-lichkeitsrechtsverletzung*), NJW 1987, Seite 1416

Oberlandesgericht Hamburg – 3 U 178/85 –
(Zur Zulässigkeit eines Blockierungshonorars bei Überlas-sung von *Bildagenturmaterial*), AfP 1986, Seite 336

Oberlandesgericht Hamburg – 3 U 30/89 –
(Begleiterin eines bekannten Künstlers als *relative Person der Zeitgeschichte* – Roy Black), AfP 1991, Seite 437

Oberlandesgericht Hamburg – 13 W 75/89 –
(Zuleitung der *Gegendarstellung* per Telefax), NJW 1990,
Seite 1613

Oberlandesgericht Hamburg – 3 U 170/90 –
(*Frauenmörder* Fritz Honka), AfP 1991, Seite 537

Oberlandesgericht Hamburg – 3 U 262/90 –
(*Identifizierbarkeit* einer abgebildeten Person), NJW 1992,
Seite 1332 = NJW-RR 1992, Seite 536

Oberlandesgericht Hamburg – 3 U 22/91 –
(Bezeichnung einer Religionsgemeinschaft als »*Nazi-Sek-te*«), NJW 1992, Seite 2035

Oberlandesgericht Hamburg – 3 U 60/93 –
(Höhe der Geldentschädigung bei »Zwangskommerzialisie-

rung« der Persönlichkeit – *Caroline von Monaco*), NJW 1996, Seite 2870

Oberlandesgericht Hamburg – 3 U 97/94 – (Persönlichkeitsrechtsverletzung durch Äußerung auf der Titelseite – *Prinzessin Caroline*), NJW 1995, Seite 885

Oberlandesgericht Hamburg – 3 U 106/94 – (Zur Einwilligung der Veröffentlichung eines *Fotos in einer erotischen Zeitschrift*), AfP 1995, Seite 508

Oberlandesgericht Hamburg – 3 U 180/94 – (Maßstäbe für *Äußerungen im Fernsehen*), ZUM 1996, Seite 92

Oberlandesgericht Hamburg – 3 U 185/94 – (Schleichwerbung), AfP 1997, Seite 806

Oberlandesgericht Hamburg – 3 U 245/94 – (Wettbewerbswidrige Behauptung über Konkurrenten – »*Schmuddelsender*«), NJW 1996, Seite 1002

Oberlandesgericht Hamburg – 3 U 292/94 – (Fotoveröffentlichung einer relativen oder absoluten *Person der Zeitgeschichte* mit nacktem Oberkörper), NJW 1996, Seite 1151 = ZUM 1996, Seite 789

Oberlandesgericht Hamburg – 3 U 264/94 – (*Sorgfaltspflichten bei journalistischer Recherche*/ Wahrnehmung berechtigter Interessen trotz unterlassener Anhörung des Betroffenen), NJW-RR 1996, Seite 597 = ZUM 1996, Seite 312

Oberlandesgericht Hamburg – 3 U 49/95 –
(Werbung in redaktionellem Beitrag), ZUM 1997, Seite 393
= AfP 1997, Seite 813

Oberlandesgericht Hamburg – 7 U 177/95 –
(Fotos von *künftigen absoluten Personen der Zeitgeschichte – Archivierung*), AfP 1997, Seite 535

Oberlandesgericht Hamburg – 3 U 200/95 –
(»Die mutigsten 100 Steuerberater«), ZUM 1997, Seite 565

Oberlandesgericht Hamburg – 3 U 23/96–
(Kritik an Konkurrenten, Pressefehde), AfP 1998, Seite 76

Oberlandesgericht Hamburg – 3 U 210/95 –
(Kritik am Konkurrenten/Pressefehde), ZUM 1997, Seite 559

Oberlandesgericht Hamburg – 3 U 212/97 –
(Nutzungsrechte an Fotos für CD-ROM), AfP 1999, Seite 177

Oberlandesgericht Hamburg – 3 U 250/97 –
(*Unlautere Werbung* in redaktionellem Bericht), AfP 2000, Seite 89

Oberlandesgericht Hamburg – 7 U 33/98 –
(Veröffentlichung der Scheidungsgründe eines Prominenten), AfP 1998, Seite 643

Oberlandesgericht Hamburg – 7 U 63/98 –
(Fotos aus dem *Privatbereich*), AfP 1999, Seite 175

Oberlandesgericht Hamburg – 3 U 175/98 –
(Abgrenzung: Lichtbilder und Lichtbildwerke), AfP 1999,
Seite 181

Oberlandesgericht Hamburg – 7 U 73/99 –
(Keine Erstbegehungsgefahr im Recherchestadium), AfP
2000, Seite 188

Oberlandesgericht Hamburg – 3 U 34/99 –
(*Verwendung eines Schriftsatzes* in einer Veröffentlichung),
AfP 2000, Seite 91

Oberlandesgericht Hamm – 4 U 54/85 –
(Kennzeichnung von *Anzeigen*), NJW 1986, Seite 1270

Oberlandesgericht Hamm – 11 U 88/92 –
(Unzulässige Öffentlichkeitsfahndung), NJW 1993, Seite
1209

Oberlandesgericht Hamm – 3 U 152/95 –
(Verwertbarkeit einer *Tonbandaufzeichnung* im Prozess),
NJW-RR 1996, Seite 735

Oberlandesgericht Hamm – 3 U 132/96 –
(Unzulässiger Abdruck eines Nacktfotos), AfP 1998, Seite
304

Oberlandesgericht Karlsruhe – 15 U 249/92 –
(Erfüllung des *Gegendarstellungsanspruchs*), NJW 1993,
Seite 1476

Oberlandesgericht Karlsruhe – 7 O 114/93 –
(Kollision von Kunstfreiheit und allgemeinem *Persönlich-*

keitsrecht – Steffi Graf / Die angefahrenen Schulkinder), NJW 1994, Seite 1963

Oberlandesgericht Karlsruhe – 2 VAs 14/94 – (Rechtsweg für Rechtsschutzbegehren gegenüber *Presseerklärungen der Polizei*), NJW 1995, Seite 899

Oberlandesgericht Karlsruhe – 14 U 96/94 – (Arztkritik durch *Stiftung Warentest*), NJW 1996, Seite 1140

Oberlandesgericht Karlsruhe – 14 U 222/94– (Kritik an Geisterheilerin – »Scharlatanerie«), AfP 1997, Seite 721

Oberlandesgericht Karlsruhe – 6 U 32/95 – (Zur Zulässigkeit eines kostenlosen *Anzeigenblattes* mit redaktionellem Teil), AfP 1996, Seite 273

Oberlandesgericht Karlsruhe – 6 U 90/96 – (Anzeigen für schlankmachende Ohrringe), MDR 1997, Seite 771

Oberlandesgericht Karlsruhe – 6 U 13/97– (Glaubhaftmachen im Gegendarstellungsrecht), AfP 1999, Seite 74

Oberlandesgericht Karlsruhe – 6 U 13/98 – (Verwirkung der Gegendarstellungsansprüche), AfP 1999, Seite 356

Oberlandesgericht Karlsruhe – 14 U 187/98 – (*Gegendarstellung* gegen Äußerungen in einem Kommentar), AfP 1999, Seite 288

Oberlandesgericht Karlsruhe – 6 U 22/99 –
(*Gegendarstellung gegen ein Zitat*), AfP 1999, Seite 373

Oberlandesgericht Koblenz – 4 U 1641/98 –
(Grob rechtswidriger Wahlwerbe-Spot), AfP 1999, Seite
285

Oberlandesgericht Köln – 10 U 141/60 –
(*Persönlichkeitsrechtsverletzung* durch die Presse –
»falscher Scheich von Kuwait«), NJW 1962, Seite 48

Oberlandesgericht Köln – 15 U 38/86 –
(*Schadenersatz bei Nennung des Namens* eines Triebver-
brechers/Haftung des Redakteurs), NJW 1987, Seite 1418
= AfP 1986, Seite 347

Oberlandesgericht Köln – 11 U 221/90 –
(Zum *Vorliegen eines Schadens* beim Verlust von Serienbildern), AfP 1991, Seite 543

Oberlandesgericht Köln – 6 U 63/96 –
(Rechtsberatung in Zeitschrift), AfP 1997, Seite 551

Oberlandesgericht Köln 6 U 17/98 –
(*Rechtsberatung* in Fernsehsendung), AfP 1998, Seite 645

Oberlandesgericht Köln – 15 U 122/98 –
(Entstellung des Lebensbildes eines Verstorbenen/Wahl-
werbespot), AfP 1998, Seite 647

Oberlandesgericht Köln – 6 U 151/99 –
Elektronischer Pressespiegel), AfP 2000, Seite 94

Oberlandesgericht München – 21 U 3951/81 –
(Recht am eigenen Bild und Veröffentlichungsbefugnis),
AfP 1982, Seite 230

Oberlandesgericht München – 21 U 5750/84 –
(*Verletzung des Persönlichkeitsrechts* durch Fernsehbeitrag)

Oberlandesgericht München – 21 U 5546/85 –
(Kriterien für eine *Testberichterstattung*), AfP 1986, Seite
74

Oberlandesgericht München – 21 U 5690/85 –
(Zum Kenntnishorizont eines Lesers eines *Testberichtes*),
AfP 1986, Seite 75

Oberlandesgericht München – 21 U 5627/86 –
(*Gegendarstellung* bei Tatsachen, die »zwischen den Zeilen« stehen), NJW 1988, Seite 349

Oberlandesgericht München – 21 U 2979/87 –
(*Foto von Nackten* im Englischen Garten), NJW 1988, Seite
915

Oberlandesgericht München – 6 U 6835/88 –
(Zur *Rechtsberatung* in einem Zeitungsartikel), AfP 1989,
Seite 757

Oberlandesgericht München – 21 W 609/89 –
(*Zeugnisverweigerungsrecht eines Journalisten*), NJW 1989,
Seite 1226

Oberlandesgericht München – 21 U 3387/90 –
(Übermittlung einer *Gegendarstellung* per Telefax), NJW
1990, Seite 2895

Oberlandesgericht München – 21 U 4846/90 –
(Abgrenzung von Meinungsäußerung und *Schmähkritik* –
Franz Josef Strauß als »Zwangsdemokrat«), NJW 1992, Seite 1323

Oberlandesgericht München – 6 U 3882/91 –
(»*Die besten Scheidungsanwälte* und ihre Tricks«), NJW
1992, Seite 1332

Oberlandesgericht München – 21 U 6720/92 –
(*Unterlassungsanspruch* wegen Veröffentlichung einer Gastronomiekritik – Pygmäenlokal), NJW 1994, Seite 1964

Oberlandesgericht München – 30 U 36/93 –
(*Meinungsäußerungsfreiheit* bei kritischen Äußerungen
über ein *Unternehmen*), MDR 1994, Seite 28

Oberlandesgericht München – 6 U 2154/93 –
(*Werbung für Rheumadecken* mit »Die Natur hilft«), MD,
Heft 9/94, Seite 809

Oberlandesgericht München – 29 U 6159/93 –
(Herabsetzende *Presseäußerung über Mitbewerber*) MD,
Heft 6/1994, Seite 574

Oberlandesgericht München – 29 U 6965/93 –
(FOCUS: »*Die 500 besten Ärzte*«), MD, Heft 10/1994, Seite 929

Oberlandesgericht München – 21 U 3377/94 –
(Zur Abbildung eines *Kindes einer relativen Person der Zeitgeschichte*), AfP 1995, Seite 658

Oberlandesgericht München – 29 U 3903/94 –
(*Fotoabdruck ohne Erlaubnis* – Telefonsex-Foto), ZUM 1996, Seite 160

Oberlandesgericht München – 21 U 1930/95 –
(Grundsatz der *Waffengleichheit bei Gegendarstellung*), NJW 1995, Seite 2397 = ZUM 1996, Seite 172

Oberlandesgericht München – 29 U 1939/95 –
(FOCUS: »*Die 500 besten Anwälte*«), NJW 1996, Seite 2237

Oberlandesgericht München – 6 U 3460/95 –
(Kombination von redaktionellem Beitrag und Anzeige), AfP 1997, Seite 801

Oberlandesgericht München – 22 U 3032/95 –
(Distanzierung von Zitat und Einwilligung in Filmaufnahmen), AfP 1997, Seite 636

Oberlandesgericht München – 29 U 3953/95 –
(*Pressekritik* an Verlagspraxis), ZUM 1996, Seite 247

Oberlandesgericht München – 21 U 5795/797 –
(Anzeigenvergütung für *zu lange Gegendarstellung*), AfP 1999, Seite 72

Oberlandesgericht München – 21 U 6238/97 –
(*Erkennbarkeit* von Personen im Presseartikel), AfP 1999, Seite 351

Oberlandesgericht München – 21 U 1579/98 –
(*Irreführung in einer Gegendarstellung*), AfP 1999, Seite
484

Oberlandesgericht München – 29 W 3470/98 –
(*Boykottaufruf* gegen Produkte), AfP 1999, Seite 495

Oberlandesgericht München – 21 W 3389/98 –
(Glossierung einer Gegendarstellung im Redaktionsschwanz), AfP 1999, Seite 496

Oberlandesgericht München – 21 U 5847/98 –
(Falsche Wiedergabe der Erstmitteilung in einer Gegendarstellung), AfP 2000, Seite 172

Oberlandesgericht München – 21 U 6679/98 –
(*Gegendarstellung mit Halbwahrheiten*), AfP 1999, Seite
497

Oberlandesgericht München – 6 U 3740/99 –
(*Foto zu Werbezwecken*), AfP 1999, Seite 507

Oberlandesgericht Nürnberg – 3 U 2008/95 –
(*Namentliche Nennung eines Straftäters* in der Presse),
NJW 1996, Seite 529 = ZUM 1997, Seite 396

Oberlandesgericht Nürnberg – 3 U 1497/97 –
(Rechtsberatung bei Antworten auf Zuschauerfragen), AfP
1998, Seite 229

Oberlandesgericht Oldenburg – 6 U 107/82 –
(Persönlichkeitsrechtsverletzung durch *erneute Veröffentlichung* eines Presseberichtes), NJW 1983, Seite 1202

Oberlandesgericht Oldenburg – 1 U 238/84 –
(Keine überspannten *Nachprüfungspflichten* für Inserenten), AfP 1986, Seite 128

Oberlandesgericht Stuttgart – 2 U 175/63 –
(*Warentest* – »Fiat Europa«), NJW 1964, Seite 595

Oberlandesgericht Stuttgart – 4 U 19/82 –
(Kein Schmerzensgeld wegen *Nacktfoto* bei baldiger Richtigstellung), NJW 1983, Seite 1204

Oberlandesgericht Stuttgart – 4 U 85/82 –
(Schmerzensgeld für eine Veröffentlichung eines *Nacktbildes*), NJW 1983, Seite 1203

Oberlandesgericht Stuttgart – 2 U 12/98 –
(Preisvergleich von Drogeriewaren), AfP 1999, Seite 168

Oberlandesgericht Zweibrücken – 2 U 7/98 –
(Foto auf *satirischem* Plakat), AfP 1999, Seite 362

Oberverwaltungsgericht Berlin – 8 B 16/94 –
(*Auskunftspflicht des Bundesaufsichtsamtes* für das Versicherungswesen gegenüber dem ZDF), ZUM 1996, Seite 250 = NVwZ-RR 1997, Seite 32

Oberverwaltungsgericht Münster – 5 A 2875/92 –
(Umfang des *presserechtlichen Auskunftsanspruchs*), NJW 1995, Seite 2741

Oberverwaltungsgericht Lüneburg – 10 L 5059/93 –
(Kein *Urheberrechtsschutz für Richter* an unbearbeiteten

Entscheidungen), MDR 1996, Seite 817

Oberverwaltungsgericht Niedersachsen – 10 L 5935/96 – (Schleichwerbung im Kinderprogramm), AfP 1999, Seite 300

Oberverwaltungsgericht des Saarlandes – 8 R 27/96 – (Auskunftsanspruch gegenüber einer Parkhaus-GmbH), AfP 1998, Seite 426

Verwaltungsgerichtshof Mannheim – 10 S 1821/95 – (Geltendmachung eines presserechtlichen Auskunftsanspruchs), NJW 1996, Seite 538; ZUM 1996, Seite 608

Verwaltungsgerichtshof Mannheim – 10 S 176/96 – (Ehrverletzung durch Landesregierung/Scientology), AfP 1998, Seite 104

Verwaltungsgerichtshof Mannheim – 1 S 2555/96 – (Entwickeln eines beschlagnahmten Films), AfP 1998, Seite 424

Verwaltungsgerichtshof München – 21 B A.794 – (*Grenzen der politischen Karikatur* – Strauß als Rotkäppchen), NJW 1984, Seite 1136

Oberverwaltungsgericht Schleswig – 3 M 26/92 – (Öffentliche Kritik eines Ministers an einem Arzt), NJW 1993, Seite 807

Landgericht Baden-Baden – 2 O 147/97 – (Zueigenmachen von Äußerungen Dritter im Fernsehen), AfP 1998, Seite 91

Landgericht Berlin – 27 O 200/85 –
(*Tatverdächtiger* als Person der Zeitgeschichte), NJW 1986,
Seite 1265

Landgericht Berlin – 91 O 192/93 –
(Haftung für *werbende Presseveröffentlichungen* in Publi-
kumszeitschriften), MD, Heft 3/94, Seite 324

Landgericht Berlin – 15 O 1111/93 –
(*Werbung für Hautcreme* mit »fleckenlos schön«), MD, Heft
6/94 Seite 585

Landgericht Berlin – 27 O 383/94 –
(*Werbung für Diät-Programm*: »abgespeckt mit Genuß«),
MD, Heft 10/94, Seite 950

Landgericht Berlin – 16 O 788/94 –
(*Persönlicher Brief an Zeitung* ist nicht geschützt), NJW
1995, Seite 881

Landgericht Berlin – 27 O 401/94 –
(*Werbung für »Micromassagehose«* und »Akupressur-Soh-
len« mit Hinweis auf deren schlankmachende Wirkung),
MD, Heft 1/95, Seite 87

Landgericht Berlin – 20 O 67/95 –
(Werbung für Zeitung mit *Porträt-Foto eines Politikers*),
NJW 1996, Seite 1142 = AfP 1997, Seite 732

Landgericht Berlin – 27 O 381/96 –
(Schmähkritik durch vulgäre *Comiczeichnung* – Markwort),
228 AfP 1997, Seite 735

Landgericht Berlin – 27 O 626/97 –
(Namensnennung eines verurteilten Straftäters), AfP 1998,
Seite 418

Landgericht Berlin – 27 O 1/98 –
(Beweislast für Zitat), AfP 1999, Seite 91

Landgericht Berlin – 27 O 333/98 –
(Abdruck von Nacktfotos einer Prominenten), AfP 1999,
Seite 191

Landgericht Berlin – 27 O 672/97 –
(Satirischer Text zu einem Foto/untergeschobene Äußerung), AfP 1998, Seite 525

Landgericht Berlin – 27 O 605/98 –
(Fotos vom Verteidiger), AfP 1999, Seite 381

Landgericht Berlin – 16 O 803/98 –
(Nutzungsrechte für Online-Ausgabe einer Zeitung), AfP
2000, Seite 197

Landgericht Berlin – 27 O 190/99 –
(Gegendarstellung auf Händlerschürze), AfP 2000, Seite
98

Landgericht Berlin – 27 O 302/99 –
(Bezeichnung eines Straftäters als »*Sex-Monster*«), AfP
1999, Seite 524

Landgericht Berlin – 21 O 372/99 –
(*Luftaufnahmen von Privathäusern*), AfP 1999, Seite 525

Landgericht Bremen – 14 Qs 385/96 –
Verfassungswidrige Beschlagnahme in Redaktionsräumen),
AfP 1999, Seite 386

Landgericht Düsseldorf – 12 O 156/98 –
(*Distanzierung* beim Interview), AfP 1999, Seite 518

Landgericht Frankfurt/M. – 5/7 Qs 151/61 –
(*Richterbeleidigung* durch die Presse – »unfähig«), NJW
1962, Seite 64

Landgericht Frankfurt/M. – 2/6 O 260/96 –
(Unterlassungsanspruch gegen eine Presseerklärung/VW-
Opel), AfP 1997, Seite 566

Landgericht Göttingen – 8 O 182/95 –
(*Schmähkritik* gegenüber Rockband – »Böhse Onkelz«),
NJW 1996, Seite 1138

Landgericht Halle – 3 O 279/94 –
(Kommunalpolitiker als *»stadtbekannter Versager«*), AfP
1995, Seite 421

Landgericht Hamburg – 74 O 290/86 –
(*Kunstfreiheit* und Schutz der Persönlichkeit), AfP 1986,
Seite 354

Landgericht Hamburg – 324 O 530/90 –
(Zum *Schadenersatz* bei der Beschädigung von Genre-
Dias), AfP 1991, Seite 762

Landgericht Hamburg – 324 O 3/93 –
(Ungenehmigte Veröffentlichung eines *Nacktfotos* einer
bekannten Sängerin), AfP 1995, Seite 526

Landgericht Hamburg – 317 S 121/95 –
(Gegenwehr gegen *nicht rechtmäßige Filmaufnahmen* –
RTL), ZUM 1996, Seite 430

Landgericht Hamburg – 324 O 726/97 –
(Klarstellung bei Einstellung eines Ermittlungsverfahrens),
AfP 1999, Seite 93

Landgericht Hamburg – 324 O 605/98 –
(Bildnis der *Zeitgeschichte*), AfP 1999, Seite 523

Landgericht Hamburg – 308 O 258/99 –
(Elektronische Pressespiegel), AfP 1999, Seite 389

Landgericht Hannover – 6 O 443/98 –
(Abgrenzung *Tatsachenbehauptung – Meinung beim Zitat*),
unveröffentlicht

Landgericht Köln – 28 O 294/80 –
(*Zeitschriftenwerbung* mit Porträttitelblatt), AfP 1982, Seite
49

Landgericht Köln – 30 O 593/83 –
(*Schadenersatz* für den Verlust von Dias), AfP 1987, Seite
533

Landgericht Köln – 28 O 671/87 –
(Bezeichnung eines Journalisten als *Schreibtischtäter* –
Werner Höfer), NJW 1988, Seite 2894

Landgericht Köln – 28 O 542/93 –
(Zur relativen Person der Zeitgeschichte bei der *Lebensge-
führtin eines Prominenten/Harald Schmidt*), AfP 1994, Seite 165

Landgericht Köln – 28 O 11/94 –
(Zur relativen Person der Zeitgeschichte bei der *Lebensge-fährtin eines bekannten Fernsehmoderators/Harald Schmidt*), AfP 1994, Seite 166

Landgericht Köln – 31 O 539/95 –
(Kritik an Konkurrenzblatt/Pressefehde), AfP 1997, Seite 831

Landgericht Meiningen – 1 O 321/96 –
(*Rechtsberatung* in einer Zeitung), AfP 1997, Seite 557

Landgericht München – 7 O 12918/82 –
(*Zerstörung eines Kunstwerkes* durch den Eigentümer – Urheberrecht), NJW 1983, Seite 1205

Landgericht München – 10 O 4355/90 –
(Zum *Schadenersatz* beim Verlust von Diapositiven), AfP 1992, Seite 176

Landgericht München – 21 O 25127/92 –
(*Schmerzensgeldanspruch* bei der Berichterstattung über eine private Geburtstagsfeier), AfP 1994, Seite 162

Landgericht München – 21 O 22343/93 –
(Zum Umfang des *Zitatrechts* bei der Wiedergabe von Fotos in einem Zeitschriftenbeitrag), AfP 1994, Seite 326

Landgericht München – 1 HKO 22590/93 –
(FOCUS: *»Die 500 besten Anwälte«*), NJW 1994, Seite 331

Landgericht München – 7 O 1099/95 –
(Kritik an Konkurrenten Pressefehde), AfP 1997, Seite 828

Landgericht München – 23 O 12786/95 –
(Schmähkritik – »ausgemachte Drecksau«), AfP 1997, Seite
827

Landgericht Oldenburg – 5 O 2883/85 –
(*Gegendarstellung* auch bei fehlendem Namen im Pressebericht), NJW 1986, Seite 1268

Landgericht Oldenburg – 5 O 2580/86 –
(Abwägung des Informationsinteresses gegen *Privatsphäre*), NJW 1987, Seite 1419

Landgericht Oldenburg – 5 S 1656/87 –
(*Fotos auf privatem Grillfest*), GRUR 1988, Seite 694

Landgericht Paderborn – 4 O 222/97 –
(Verletzende Äußerungen in einer Comedy-Show), AfP
1998, Seite 331

Landgericht Waldshut-Tingen – 1 O 200/99 –
(Fotos von Hausfassade), AfP 2000, Seite 101

Verwaltungsgericht Berlin – VG 27 A 289.98 –
(Kennzeichnung eines Spielfilms als *Dauerwerbesendung*),
AfP 1999, Seite 402

Verwaltungsgericht Köln – 20 L 3757/98
(Kritik in einer Presseerklärung), AfP 2000, Seite 114

Verwaltungsgericht des Saarlandes – 1 K 86/95–
(Auskunftsanspruch gegenüber einer Parkhaus-GmbH), AfP
1997, Seite 837

Verwaltungsgericht Sigmaringen – 7 K 289/98 –
(Zusenden amtlicher Bekanntmachungen), AfP 1998, Seite
429

Amtsgericht Berlin-Mitte – 9 C 790/94 –
(Zur rechtswidrigen *Veröffentlichung des konkreten Gehalts* eines namentlich genannten Oberligafußballspielers),
AfP 1996, Seite 188 = NJW 1995, Seite 2639

Amtsgericht Mainz – 302 Js 14.658/91 – 20 Ls –
(Anforderungen an die *Sorgfaltspflicht der Presse*), NStZ
1995, Seite 347

Amtsgericht Rendsburg – 11 C 416/95 –
(Zum *Kontrahierungszwang eines Zeitungsverlags* – Anzeigenschaltung), NJW 1996, Seite 1004

Abkürzungsverzeichnis zu den Literaturangaben

AfP	Archiv für Presserecht
GRUR	Zeitschrift für gewerblichen Rechtsschutz und Urheberrecht
MD	Mitteilungsdienst des Verbandes Sozialer Wettbewerb, Berlin
MDR	Monatsschrift für Deutsches Recht
NJW	Neue Juristische Wochenschrift
NJW-RR	NJW-Rechtsprechungs-Report Zivilrecht
NStZ	Neue Zeitschrift für Strafrecht
NVwZ	Neue Zeitschrift für Verwaltungsrecht
NVwZ-RR	NVwZ-Rechtsprechungsreport
WRP	Wettbewerb in Recht und Praxis
ZRP	Zeitschrift für Rechtspolitik
ZUM	Zeitschrift für Urheber- und Medienrecht

Stichwortverzeichnis